자궁에서 왕관까지

김 종 시인의 화필에세이

시와사람

김 종 시인의 화필에세이
자궁에서 왕관까지

2023년 2월 15일 인쇄
2023년 2월 20일 발행

지은이 | 김　　종
펴낸이 | 강 경 호
기획·인쇄 | 시와사람
등　록 | 1994년 6월 10일 제 05-01-0155호
주　소 | 광주광역시 동구 양림로119번길 21-1(학동)
전　화 | (062)224-5319
팩　스 | (062)225-5319
E-mail | jcapoet@hanmail.net

ISBN 978-89-5665-661-8　03810

값 20,000원

＊잘못된 책은 바꾸어 드립니다.

공급처 ■ 한국출판협동조합
경기도 파주시 적성면 적성산단3로 10(적성일반산업단지 내)
주문전화 (02)716-5616, 070-7119-1740

ⓒ 김종, 2023
이 책의 저작권은 저자에게 있습니다.
저작권에 의해 보호를 받는 저작물이므로 저자의 허락 없이 무단 전재와 복제를 금합니다.

자궁에서 왕관까지

파라다이스

|책을 펴내며|

오늘도 기우제 제단을 차리며

  비가 내릴 때까지 지내는 기우제를 '인디언 기우제'라 한다. 비가 내릴 때까지 기우제 지내는 사람은 인디언만이 아니었다. 저 말짱한 하늘이 언제 응답을 주실까만 생각하는 나 자신 또한 한 사람의 인디언 기우제의 헌관이었다.

  W.블레이크는 공작의 거만을 두고 "신의 영광"이라 하였다. 날개를 펼친 공작의 고혹적인 모습을 그리 이르는 말이겠다. 공작은 자기 연출력이 다른 새들과는 비교를 불허한다. 그러한 공작의 탁월한 자기 과시를 신에게 위임 받은 권력으로 여긴 때문이다. 그러기에 러셀은 『행복의 정복』에서 "공작은 자신의 꼬리야말로 세상에서 가장 황홀한 매력 뭉치라며 다른 공작을 절대로 부러워하지 않는다."고 하였다.

  공작처럼 내 작업에도 사시사철 새롭고도 특이함이 넘치게 하자는 게 나의 생각이었다. 미래에는 AI가 인간을 대신한다는데 그때의 인간은 무슨 일을 하고 지낼까? 인간이 AI를 넘어서는 유일의 분야는 예술일 거라는 실낱같은 희망만 남아 있다. AI가 제아무리 기막힌들 황진이 시조를 능가하겠는가.

나는 평소 영화와 실제에는 무슨 차이가 있을까를 생각하곤 한다. 영화는 갖가지 시련과 우여곡절까지도 결론에 맞추어진 것이어서 관객은 편안한 마음으로 주인공의 시간만을 따라가면 된다. 허지만 사람의 실제에는 한 순간 한 순간이 예측불허의 도전이자 모험의 시간이다. 작업하는 시간 또한 나에게는 매번 미로게임이어서 절벽처럼 막아선 어둠을 어찌 뚫어야 할지, 광명보다 찬란한 세상은 언제 오는 지 등을 작량해야 하는 노심초사의 세월이었다.

대리석에 숨어있는 비너스를 찾아내는 일이 미로게임을 헤쳐 가는 이날까지의 나의 예술의 작업방식이었다. 나에게도 미켈란젤로 같은 극광의 재능이 있을까 싶어 '막고 퍼내기'나 '어둠에다 구멍을 뚫는 일'로 대신하였다. 그처럼 목숨줄로 매달려서야 백두산 천지에서 '왕관'을 건져 올리고 한라산 백록담에서 '자궁'을 만나고 '태양에게 덤비는 수탉들', '월인천강을 거닐다' 등을 수확할 수 있었다. 예술세계에서 돈오頓悟는 항시 찰나에 닥치는 것이기에 한시도 마음을 놓을 수 없는 긴장의 시간을 헤엄쳐왔다.

나는 법고창신法古創新을 부정한다. "법을 지킨 그 위에 새로움을 창조한다"는 이 말은 법도 지키고 새로움도 창조한다는 그럴듯한 말이지만 이보다 큰 허구는 없다고 생각한다. 법을 지키든지 새로움을 창조하든지는 2자 택일이어야지 이를 함께 아우르는 양수겹장은 불가능이라는 말이다. 쉬운 예로 멈춰선 차를 가게 하려면 두 사람이 밀더라도 밖에 나와서 밀어야지 차내에서는 백 사람이 밀어도 절대 차는 움직이지 않는다는 사실이다. 법의 테두리에 갇혀서 새로운 것을 창조한다는 말은 그런 의미에서 철저히 '참'이 아니라는 것이다. 나는 그걸 원리 삼아 일찌감치 법고창신을 버리고 파천황이 열릴 때까지 인디언 기우제만 지내 왔다. "하늘 아래 새로운 것은 없다."던 고전주의자들의 단정을 누르고 새로움을 찾는 것이 나의 기우제였기에.

    그간의 나의 작업은 늘 불투명유리를 지나는 햇빛과도 같았다. 상상력을 겹겹이 막아서는 법고창신이라는 미신을 어떻게든 뚫어가며 새로운 생명의 빛을 받아내는 나의 두 손은 그런 의미에서 나를 만드는 경건한 도구였다. 나의 갈증은 끝이 없어서 지금 비가 내리더라도 비를 부르는 또 다른 기우제를 위해서 평생 헌관차림으로 살아야 하는 게 나의 운명인가 한다.

2023년 비를 부르는 1월의 가뭄에
김종 삼가 쓰다

| 자궁에서 왕관까지 -차례 |

책을 펴내며 —— 6

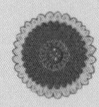

1부 _ 백두산 '天池'가 '王冠'이 된 사연

'주머니'를 위한 메모 둘 _ 16

꽃자리 생각 _ 21

영혼마저 취하겠다, 실크로드 _ 26

가둘 수 없는 반란, 청춘 _ 31

백두산 '天池'가 '王冠'이 된 사연 _ 38

자작나무가 떠받친 백두산 천지 _ 42

불임의 세월, 운주사에서 _ 50

재앙이로다 SNS여! _ 55

천인조 꼬리 더하기 _ 60

2부 _ 계림에서 만난 "山이 이 된 사람들"

짧은 무등산無等山 이야기 _ 68

계림에서 만난 "山이 이 된 사람들" _ 78

금빛 '왕관', '天池'에서 _ 85

"태양을 들어 올리는 사람들"을 그리며 _ 91

'자궁'으로 다가온 '백록담' _ 96

저항하라 그러면 새롭다 _ 101

미감의 중심은 언제나 '사람'이다 _ 109

3월의 들녘에서 _ 115

다시금 독도를 생각한다 _ 123

허공을 상床차리다 _ 142

3부 _ 그리하여 인간의 다음 밥상은?

그리하여 인간의 다음 밥상은? _ 154

내 설 명절에도 '유리구두'가 있었다 _ 161

건망증은 문학이 될 수 있을까 _ 168

눈물을 받아내는 그릇 _ 175

굼뜬 강물은 어디로 흐르나 _ 184

내 예술은 나의 철부지다 _ 190

공작 나무 한 그루 _ 197

세상에 하나뿐인 화덕, 화염산 _ 202

내 평생의 동반자, 문학 _ 206

4부 _ 키가 자라는 山들

키가 자라는 山들 _ 214
사과 속의 씨앗·씨앗 속의 사과 _ 221
사랑이 사탕이란 말, 맞다 _ 226
태양이여, 꿈꾸는 엽록소여! _ 232
호랑이를 만나도 호기심과 간다 _ 239
'시인'이란 말, 싱싱하다 _ 245
'지금'과 '여기'만을 살자 _ 250
내 곁을 지나는 '아슬아슬'이여 _ 260
지금은 웰빙만을 _ 265
사랑은 바람이 부는 것처럼 _ 271

내 사랑 '나의 그림' 論 _ 생명미감을 타고 오르는 백두대간 _ 274

자궁에서 왕관까지

천지의 하늘에서 색층이 내려온다

소나무의 하늘바라기

1부

백두산 '天池'가 '王冠'이 된 사연

산들의 달구경 1

'주머니'를 위한 메모 둘*
- 시 읽는 수필

어머니는 밥상이 아니었을까
어머니는 아랫목이 아니었을까
어머니는 등 굽은 사과나무가 아니었을까

그래

이 살
저 살
꺼내먹이시는

어머니라는
허공,

그 무량한 주머니!
　　　 -「주머니에게」전문

어머니의 오월

1부 _ 백두산 '天池'가 '王冠'이 된 사연

1

　새끼 기를 주머니 하나씩을 숨겨둔 어미는 빨대 끝에 '어린 주둥이들'을 매달아두고 있다. 어미는 태내에 공급할 영양소를 위해 늘상 빈혈에 시달려야 하고 결국에 남는 것은 허방뿐이다. "암놈은 무게가 아무리 많이 나가도 헛것이여. 자궁 들어내고 나면 고기는 수놈 반도 안 나간단 말이시." 축사에서 소를 팔면서 거간꾼들의 두런거리는 소리에 신과 인간과의 관계도 이 같으려니 생각했었다.
　주머니와 자궁과의 상관성에서 생명세계가 보유한 측은지심은 삼라만상 모두가 동일할 터이다. 어미와 새끼는 희생과 섭생으로 좁혀지고 산모는 빈혈에다 영양실조여도 태내의 새끼만은 영양공급이 충분한 모성母性의 이 엄청난 절대성! 종교에서 제시한 천국과 극락도 어머니의 태중胎中이라는 사실은 고급상징이 되지 못한다. 태아의 열 달 간은 원만구족의 극락체험이며 돌고 도는 회전성으로 구원久遠의 세계를 마무리한다.
　어머니는 주머니다. 주머니는 생명을 포태하는 자궁이고, 자궁은 자식의 궁궐이고 궁궐은 존재를 담아내는 지존의 자루이다. 주머니는 털어낼수록 우리가 조용히 명상하던 것들, 그러나 잊고 지내던 추억이, 아픔이, 눈물이 파릇파릇 돋아난 신생한 동굴이다.

  돌이켜보면 어머니라는 주머니는 수액이 말라서 마지막 남은 무명지의 은가락지가 헐거워질 때까지, 나는 그 주머니에다 아무 것도 채워 넣지를 못한 채 손을 넣어 주머니가 피폐해지고 그 바닥이 훤히 내다보일 때까지 꺼내 쓰기만 하였다. 나의 주머니는 불평을 몰랐고 언제나 만만했으므로, 나는 나의 주머니의 아픔과 허기를 알려고도 이해하려고도 하지 않았다. 이 망할 놈의 원죄적 이기주의라니!

  …이날 평생 어머니는 내 우주를 담아내는 주머니였고 그 주머니를 가득 채운 그리움이었다.

2

  어머니가 떠나신 지도 20년이다. 어머니는 떠나신 게 아니고 자식들의 대접소홀로 도둑맞았다는 표현이 더 적합할지 모르겠다. 그 무렵 '어머니'는 머리가 아프고 어지럽다고 하셨다. 근검과 내핍에서 얻어진 영양상태의 불균형이거나 노인네의 건강에서 흔히 겪을 수 있는 질환이겠거니 생각했었다. 그래서 잡수실만한 음식들을 준비하고 좋다는 약을 지어드렸다. 그러고 나서 어머니는 거짓말처럼 나아 며칠을 지내셨다.

그러던 어머니가 급전직하急轉直下로 엄청난 통증을 호소하셨다. 부랴부랴 구급차를 불러 응급실로 옮기고 검사한 결과 의사는 "오늘 밤을 넘기시기가 어렵겠다"고 하였다. 땅이 꺼지고 하늘이 무너지는 청천벽력이었다. 세상에 이같이 기막힌 일도 있을까, 하늘을 보며 장탄식을 거듭해도 도대체가 바뀌는 것은 아무 것도 없었다. 보름을 매달리며 치료에 최선을 다 했건만 별무소용이었다. 하도 갑작스런 일이라 밝혀진 것도 없이 '도둑맞았다'는 비통한 마음만으로 어머님을 떠나보냈다.

'어머니'라는 주머니는 철부지한 우리가 제비새끼처럼 입만 벌리면 처억 척 꺼내먹이시는 요술주머니 같은 만물상이었다. 배고프다면 밥 주고 춥다면 아랫목 내주고 그래도 먹고 싶다면 달라는 대로 먹여주시던 어머니라는 주머니, 당신은 뒤에서 굶는 일도 많았고 추위에 떨면서도 따뜻하게 안아주시던 주머니인 것을 이 나이에야 알았다. 자식들을 뒤로 하신 어머님은 뭐가 그리 바쁘실까. 우리 오남매를 기르시던 평생의 그 눈물의 기도는 어디에 두고 가시고는 소식 한 마디 보내오시지 않는다.

보름달에 둘러진 달무리를 보며 이슬비를 예감한다. 어머니! 보고 싶습니다.

꽃자리 생각

늦은 장맛비가 그치더니 한풀 꺾인 무더위에다 벌레소리도 귀가 만들어져 가을은 정녕 소리 소문도 없이 오고 또 온다. 아니 바람이 잎과 줄기를 흔들어 살아있음을 종횡무진으로 증명한다. 외로움과 고통, 그리움과 슬픔도 흔들리며 흔들리며 부서졌다 사라지는 포말 같은 것,

> 반갑고 고맙고 기쁘다// 앉은 자리가/ 꽃자리니라// 네가 시방/ 가시방석처럼 여기는/ 너의 앉은 그 자리가/ 바로 꽃자리니라// 반갑고 고맙고 기쁘다.
> — 구상 시 「꽃자리」 전문

벌써 여러해 전의 일이다. 미술관의 아르바이트생에서 광주비엔날레의 총감독까지를 관류한 신정아는 진실에서 멀어진 결과 그 자신의 생의 권위가 사그리 무너지고 말았다. 그

꽃과 첫날밤

_ 자궁에서 왕관까지 _

를 지켜본 많은 사람들은 잘못 이전에 안타까움이 컸다. 그의 촉기 있는 재능은 그 동안 광고 상품처럼 과장된 리얼리티로 포장되었다고나 할까. 그 결과로 한 순간에 자신의 조작된 삶을 통째로 침몰시켜 버린 것이다.

'포타·라마'라는 늙은 인디언 양파장수가 있었다. 그는 매일 시장에 나가 좌판을 놓고 양파를 팔았다. 어느 날 한 백인이 와서 그의 양파를 흥정했다.
"한 줄에 얼마요?"
"10센트입니다."
"두 줄은?"
"20센트지요."
"그럼 세 줄은?"
"30센트라오."
"여기 있는 걸 다 사면?"
"그렇게 팔 수는 없습니다."
단호한 어조의 그는 깊은 호흡으로 담배 연기를 들여 마셨다. 그리고 천천히 말했다.
"나는 여기 양파만을 팔려고 나와 있는 것이 아니고 내 인생을 사려고 나와 있는 거요. 나는 이 시장을 사랑합니다.…

대게들의 달구경

_ 자궁에서 왕관까지 _

이게 바로 나의 삶입니다. 나는 내 삶을 살아내기 위해 양파를 팔고 있습니다. 이 양파들을 몽땅 팔아 치운다면 내 하루도 한 순간에 저물겠지요. 그리되면 어디 가서 내가 사랑하는 이 많은 것들과 함께 지낼 수 있을까요?"

우리에게는 팔 수 있는 것과 팔 수 없는 것이 있다. 파는 일에도 순서가 있고 분량이 있고 속도가 있다. 일단 팔아버리기만 하면, 팔아버렸다고 손 털고 일어서서 만세만 부르면 되는 만사 오케이가 아니라는 얘기다. 팔아서는 안 되는 것 또한 팔지 않기 위해서 때로 비상한 용기의 결단이 필요하다. 그 비상한 용기가 살아 숨 쉬는 자리가 바로 꽃자리다. 우리가 말한 비상한 용기의 거처인 꽃자리만은 어느 경우에도 팔아서는 안 되는 것이며 세상과 손가락 걸고 다짐한 최소한의 약속인 것이다. 신정아는 그녀가 잘못 믿은 꽃자리를 위해 팔아서는 안 되는 거짓된 함정을 과도하게 파고, 팔았음이 오고 또 가는 계절처럼 스치고 있다.

영혼마저 취하겠다, 실크로드

　실크로드를 찾아가는 여정은 나를 양껏 취하게 했다. 찾은 곳마다 경치에 취하고 풍습이나 유서 깊은 문화유적의 향기에 취했다. 지도를 펴놓고 실크로드의 코스를 대목대목 짚어가면서 그 동안 상상으로 그려본 장면들 하나하나가 현실에서 날개 펴는 시간이니 여북이나 설렜겠는가.
　나는 평소 달러 바꿔서 비행기 표 구입하는 사람들을 마땅찮게 생각하는 사람이다. 내 나라 풍광이 얼마나 아름답고 감격스러운지도 모르면서 남의 나라에만 바리바리 돈 싸들고 빠져나가는 것이 못마땅한 것이다.
　내 나라 산천이 어느 만큼 아름다운지는 내 나라 사람들만 모르는 경우가 많다. 실제 여행길에서 나는 그 같은 일을 자주 체험한다. 오지는 오지대로 관광지는 관광지대로 이 나라의 풍광이 빚은 국토미학은 살필수록 감탄에 감탄을 멈출 수

山들의 구수회담

1부 _ 백두산 '天池'가 '王冠'이 된 사연

없게 한다. 이것이 내 나라 여행을 권하고 응원하는 우선적인 이유임에야.

그런데 소득도 낮고 민도도 낮지만 중국만은 달랐다. 사실 나는 그간 중국에 대해서 어느 부분 거부감은 있었다. 우리나라 사람들의 '무작정 관광, 묻지 마 관광'이 가는 곳마다 횡행하여 말도 많고 탈도 많은 관광지가 중국이기 때문이다. 중국 관광지에는 여행지마다 한국말 하는 사람들이 지천에 널려있다. 이웃마을 사람들끼리 오일장 장터에서 만나 바글거리는 것 같은 현장에다 천 원짜리 한 장만 달랑거려도 물건 팔겠다고 쉬파리처럼 달겨드는 사람들에게 기분 좋게(?) 우쭐댈 수 있는 곳이 중국임에랴.

그럼에도 실크로드는 한국관광객들의 호기심의 대상지로는 아직 이른 것 같았다. 우선 한국말 쓰는 사람들을 만나기가 어려웠다. 하기야 무엇이나 좀 따담으려고 하다보면 쉬 떨치고 나서기 어려운 코스가 실크로드이고 보면 한국 사람들이 뜸한 것에 쉽게 이해가 된다. 관광지의 코스 코스에 따라 기차도 타야하고 종일토록 버스로 이동하기도 하는 등 여행기간은 내내 피곤으로 범벅이 될 만큼 강행군이었다. 솔직히 웬만한 체력으로는 떨쳐나서기가 어렵겠다고 엄살 부릴 만한 곳이 실크로드였다. 그렇다고 실크로드를 빼고는 중국의 여

日出에서 月出까지

1부 _ 백두산 '天池'가 '王冠'이 된 사연

타 관광지가 형편없다는 말은 아니다. 소문난 곳이면 어디나 장꾼처럼 몰리는 우리네 관광인파의 관광행태가 문제라는 것이지 볼거리가 없다는 말과는 다르다. 경치위주로 관광지를 고르라면 실크로드는 제외될 수밖에 없겠고 그 결과 우리나라 사람들의 관심 속에 멀게만 느껴진 것이리라. 여하튼 실크로드에 들어서는 순간부터 나의 육신이나 이목구비는 광각렌즈처럼 넓게 열리고 대낮의 영혼까지 몽땅 취해버리고 말았던 것이다.

가둘 수 없는 반란, 청춘

하나 둘 아이들이 비밀행동요원들처럼 모여들었다. 무대 전면을 빙 둘러싼 관객들이 짐짝처럼 쟁여지고 공간은 점점 줄어들고 있었다. 타임정각. 달려 나온 허리들이 어깨와 어깨를 흔들거렸다. 어디선가 꼴깍꼴깍 침 넘어가는 소리, 비좁은 밀림에서 싹터 오르는 소리…. 일순 달궈진 무대가 입을 열었다. "빨리 나와, 빨리 빨리." 몸짓과 괴성들이 돌아다니고 요란한 조명 아래 귀가 먹먹하도록 반란의 음성들이 터져 나왔다. "광주를 보러 고속버스 찡겨 타고 서울에서 왔습니다." 어쩐지 말하는 품새가 수상쩍고 발칙(?)하다. 아니 불손하다. 숨도 쉬지 않고 주워섬기는 저 모르스부호 같은 보컬들이 쉴 새 없이 넘치고 부딪치는 중이다.

반란의 무대는 계속되고 질러댄 소래기는 커져만 갔다. 나이 탓하며 멈칫거렸던 지난날의 나의 시간들이 억울하다는 듯 기어 나왔다. 어찌 낯설지 않고 어찌 색다르지 않고 새롭게 싹틀 수 있을까. 무대는 달궈지고 반란의 음성에 맞춰 팔뚝들이 보릿대처럼 하늘거렸다.

"나이든 사람들이 많아 내가 좀 착해지려고 관두겠습니다." 제법 체면 차리는 리더의 말투다. "내 노래가 되게 선정적이어서 제대로만 지껄이면 이 자리가 발딱 뒤집힐 겁니다." 체격, 마스크, 키, 목소리 모두 되는 편이구먼. 심장까지 벗어버린 저 벌거숭이 반란군들이 온몸을 휘젓고 돌아다녔다. 저들의 반란 앞에 어른들은 혀를 차며 하늘 무너질 것처럼 세상말세를 걱정하건만 …. 여전히 지구는 둥글둥글 돌고 도는 것. 소용돌이가 덮쳐 와서 몸살 앓는 무대는 열이 오르고 내 굳어가는 몸에도 피가 통하고 파릇파릇 새싹들이 돋아나고 있었으니.

그래, 재미가 있어야 키도 크고, 쳐든 가랑이 사이로 하늘도 보지. 재미 재미가 밧줄을 타고 연거푸 하늘을 오르내리다가 골짜기 따라 기웃기웃 전생의 시간들이 유체이탈로 지구를 떠나고 있다. 지지리도 지루했던 지난날이 다가온다. 나는 지금 붕 떠오른 열기구 같은 애드벌룬의 시간을 누비고 있다. 주먹을 쥐고 권투시합을 응원하듯 자꾸만 엉덩이를 들썩거린다. 2002년 월드컵에서 붉은 악마들의 열광의 풍랑이 지금

함께 가는 다섯 아이들

1부 _ 백두산 '天池'가 '王冠'이 된 사연

너른 바다

_ 자궁에서 왕관까지 _

이 순간에도 계속되고 있다.

　우리네 코리아가 붉은 악마들의 그 열광 덕에 지구촌을 몇 번이고 들었다 놨다 했었지. 이 자리에서 경기관람은 순전한 덤이다. 붉은 악마들의 열 오른 장면에다 비싼 중계료를(?) 매겨야 할 판이다. 젊다는 것은 에너지가 굽이치는 일이고 넘어지고 부대끼고 몸살 앓는 일이다. 날 것 채로 내 촌티가 벗겨지는 시간이다. 코끼리풍선처럼 예술이란 이름이 무한 부풀어 오르는 시간이다. 제멋대로이고 난장판인데 어느 것 하나 빠진 게 없다. 붉은 악마의 광란은 지금 이 시간에도 여전하고 화재사건 같은 이들을 간단히 제압한다.

　머쓱하나 풋풋해지는 것 하나. 2~3년 전쯤일까. 주변 사람 서넛과 디스코장에를 갔었다. 누군가를 흠씬 패주거나 두들겨 맞고 싶은 날이었다. 귀청 찢어지는 사이키 조명 아래서 비 오듯 땀을 쏟으며 서너 차례 디스코타임을 가졌었다. 한 타임 당 30분으로 치면 무대를 흔들어댄 시간만도 족히 두어 시간은 넘겼음직 하다. 처음에는 잘 될까 망설였는데, 알아보는 사람도 없겠다 음악소리를 따라 몸이 저절로 적응하고 있었다. 지칠 줄 모르고 무대를 누벼나갔다. 폐부 가득 밀려오는 이 견줄 데 없는 상쾌함이라니. 누군가가 말했다. 행복은 느끼는 자의 소유라고. 당장에 죽어나가도 이 자리의 나의 행복은 맥시멈!! 그 후로도 디스코클럽에를 몇 번 더 갔었다. 매번 내 심신이 꽃피어나는 젊음 만점의 컨디션을 온몸으로 만끽하면서.

그래서 한 얘기다. "대통령은 하늘이 낸다니까 내게는 해당사항이 없겠고, 장관자리는 교섭이 온다면 단칼에 'No' 할 수 있겠다. 이유를 물으면, 장관이란 자리는 디스코장에서 디스코를 출 수 없으니까."

디스코장이야 영원히 못 가더라도 장관 하는 일이 백 번 천 번 장땡인 세상에서 나 같은 반거충이들만 살판나게 생겼다. 백호 임제가 황진이 무덤에다 치제하고서 뒤이어 시조를 읊었다. 후일 다른 직첩으로 부임지에 닿기도 전에 자리가 날아갔다는 얘기는 지금 세상에도 유효하다. 자유와 행복을 걸고, 나에게 장관자리와 디스코타임은 그래서 선택이 여실하다.

〈Groovy time〉-Groove Sensation. 목마른 김에 샘 파더라고 솟아나는 재미를 샘물처럼 거푸거푸 마신다. MC Quasar, Jay Brown, Kibble 2k, Def. G. S…… 그 날 무대의 악센트는 중2년생인 김예린 양, 이들 랩 게릴라들과 밤을 새우고 싶어 보릿대춤 파도타기로 족히 세 시간을 넘게 소래기를 지르며 열광했었다.

재미는 하늘이 주신 특별한 선물이다. 저절로 키가 크고 저

절로 만나지고 저절로 열광하는 이 기막힌 세상이 유혹의 파도처럼 달려다니고 있다. 허리가 흔들리고 손끝이 자라난다. 표정과 눈짓과 함성이 뭉쳐졌다. 젊음은 언제나 힘이 넘치는 유혹이다. 종교보다 거룩한 구원이고 추진력이다. 인류에게 흘러내려온 수수만년의 그 한숨짓던 말세타령은 이 순간으로 완전 제로다. 세상은 어제도 건재하고 오늘도 건재하다. 그래서 하늘 무너지리라던 내일도 건재할 것인즉.

젊음은 신바람에다 자유 그 자체다. 닫힌 방문을 열고 심장까지 싹틔워 우거지는 소리 들린다. 어느 제왕이 저들 게릴라의 반란을 닫힌 공간에 가둘 수 있겠는가. 질로 보릿내춤을 추던 그날의 객석이 어제처럼 그립다. 무대가 식물처럼 우거지고 있다. 그림도 음악도 문학도 청춘이 그린 반란의 강물도 한 무더기 거대한 산천초목으로 우거지고 있다.

백두산 '天池'가 '王冠'이 된 사연

　별빛 달빛들이 사람처럼 걸어 다니던 머언 먼 옛날부터 백두산 '천지'는 세상의 다른 땅덩어리와는 두 가지 점에서 남달랐습니다.
　하나는 백두산은 자작나무 울타리와 머리꼭대기에 물동이처럼 찰랑거리는 '천지'라는 이름의 호수를 올려놓고 세상 사람들이 꾸뻑 죽어질 만큼 뇌쇄적인 그 살살거리는 물주름 웃음을 만천하에 알렸답니다. 세상천지의 어느 산이 사람의 머리처럼 우뚝 솟아서 호수를 물동이처럼 올리고도 저리 장엄하고 휘황찬란한 모습으로 의젓할 수 있을까요.
　둘은 천지는 태어날 때부터 2750m라는 높은 키로 일광월광日光月光을 받아먹고 자란 지구촌 유일의 거대왕관이라는 점입니다. 왕관 형상의 백두산은 그리스인들의 올림퍼스 산처럼 양쪽 겨드랑이에 남과 북을 안고 가슴 열어 젖을 먹이는

天池의 본래 얼굴, 왕관

1부 _ 백두산 '天池'가 '王冠'이 된 사연

어미의 세월이었던 것입니다. 이 호수가 머리 위에 천하제일의 왕관을 올리게 된 사연은 이렇습니다.

백두산 꼭대기가 천하의 최고명당이라는 소문을 접한 지구촌의 똑똑한 바위들은 장 봇짐을 들쳐 멘 장꾼들처럼 휘적휘적 백두산의 머리꼭대기에 올랐습니다. 눈앞에 마주한 백두산은 그간에 들은 것보다 훨씬 더 높고 장엄했더랍니다. 똑똑한 바위 여러분은 산을 오르면서 땀으로 멱을 감기 여러 차례였고 기다림이 시퍼렇게 출렁이는 천지의 물을 감격스럽게 마시거나 만질 수도 있었답니다. 천지사방에서 모인 바위들은 분비나무, 잎갈나무, 가문비나무, 자작나무에다 흰별꽃나무, 구름꽃다지, 백리향, 만삼, 왜당귀를 지나 담자리꽃나무, 시로미, 장군풀, 두메김의털, 물싸리는 물론이고 매저리나무, 들쭉나무, 백산차, 금방망이, 부채붓꽃, 물매화 등등을 넘어 맑은 물 '천지'에 당도하였고 그래서 보람은 한결 컸었답니다.

천지의 맑은 물에 제 얼굴 한 번 비쳐보겠다고 기웃기웃 물가 쪽으로 모여들던 바위들은 다투듯이 물에 잠기기도 하고 잘난 것들은 내 앞에 나와 보라고 팔을 들어 목청껏 외치기도 했었답니다. 그러다가 이래선 안 되지 싶어 혹은 눕고 혹은 서고 혹은 손에 손잡고 어깨와 어깨를 이어 기념촬영이라도 할 것처럼 장군봉을 중심에 세우고 향로봉, 쌍무지개봉, 청색

봉, 백운봉, 차일봉이 대운동회에 나온 아이들처럼 둥글게 둥글게 둘러섰더랍니다. 바위들은 저마다 당당하고 저마다 우뚝해졌습니다. 우뚝한 만큼 천지에는 천상천하 유아독존의 기운이 가득했더랍니다. 천상천하 유아독존은 백두산 바위들의 타고난 기상이 그렇다는 얘기이고 세계의 어느 산과도 비교할 수 없는 돌올한 자존심 그 자체였습니다. 그런 후로 '천지'라는 이름의 호수는 세계에서 가장 큰 물동이라는 사실이 공인되었고 그 모습 그대로 세상에서 가장 큰 다이아몬드였습니다. 바위들은 제 자리에 '큰 바위 얼굴' 같은 전설로 자리를 잡고 천지의 심장을 지키는 자랑스런 금빛 왕관이 되어 세상 사람들을 깜짝 놀라게 했습니다. 그 언제부턴가 하늘땅은 천지라는 왕관을 놓고 이렇게 노래했습니다.

　　넉넉한 지고 황홀한 지고/ 갈밭머리 보름달이 눈부신 지고/ 모여든 사랑 사랑 유아독존 왕관이/ 세상사람 머리 끝까지 행복한지고.

　　후일담, '67년 닐 암스트롱이 최초의 달 정복을 마치고 지구를 향하여 귀환하던 중 멀리 보이는 지구에서 만리장성은 얼핏 스쳐갔는데 백두산 머리에서 숨 쉬고 있는 금빛 찬란한 '천지'라는 왕관을 놓친 것을 못내 애석해했다는 후문입니다.

자작나무가 떠받친 백두산 천지

　백두산 가는 길에는 고스란히 가난했던 60년대가 누워 우리의 여행길을 열어가고 있었다. 좌우로는 자작나무 숲이 하체의 백색 각선미를 드러내고 울울창창 도열해 있었는데 그게 차라리 고혹적인 느낌이었다. 토목공사를 위해 파헤쳐 놓은 노면은 어지럽거나 불안정했고 무덤처럼 여기저기 흙더미가 봉긋거렸다. 그 사이로 이따금씩 인가도 지나치며 달리는 버스가 일면 낭만스럽기까지 했다.
　나는 그간 백두산 관광을 보물섬처럼 아껴두고 지냈었다. 무슨 말씀인가 하실 것이다. 백두산은 우리 민족의 탯자리이면서 정신과 영혼을 기르고 다진 국토와 민족의 머리이자 얼굴인데도 이 산을 찾아가는 길이 남의 나라인 중국을 통한다는 사실부터가 심히 자존심 구기는 일이었다. 주인다운 주인이 제집 찾아가는 일은 언제나 떳떳하고 당당해야 하기 때문

천지의 석양

1부 _ 백두산 '天池'가 '王冠'이 된 사연

이다.

 모름지기 주인답다는 말은 자기 집 대문으로 들어가서 자기 집 마당의 여기저기를 설명하고 이야기할 수 있어야 한다. 그런데 남의 집 대문과 남의 마당으로 들어가서 남의 집 담 넘어로 자기 집 마당을 이야기하는 꼴이 그간에 다녀온 우리네 백두산 기행의 꼬라지였다. 그런 관계로 '백두산 천지'의 관광은 너무나도 자존심이 뭉개지는 허당 같은 일이 아닐 수 없었다. 그런데 우리가 가는 이 길은 '통일의 그날'이나 오면 모를까 아직은 내 집 대문과 마당으로 통하는 주인의 길은 아니었다. 그래서 통일의 '그날'을 기다려 찾아가자던 나의 고집스런 생각이 이날까지 백두산 행을 미루게 했던 것이다. 그러나 백두산천지를 관광하는 일은 갑작스럽게 미루어지는 고로 이리 가다가는 내 생전에 백두산 관광이 영영 불가능할 지도 모른다는 생각에 다급해졌고 미안했지만 그 시간을 살짝 바꿔치기하여 끌어당긴 것이 2000년 6월 20일이었다. 공교롭게도 그날은 김대중 대통령이 북한의 김정일 위원장과의 역사적인 만남을 위해 전용비행기로 평양으로 날아간 날이기도 했었다.

 벅차오른 생각으로 찾아 들어간 백두산은 그 느낌부터가 특별했다. 한 차례 심호흡으로 심정적 흥분을 가라앉혔건만

꽃잎천지

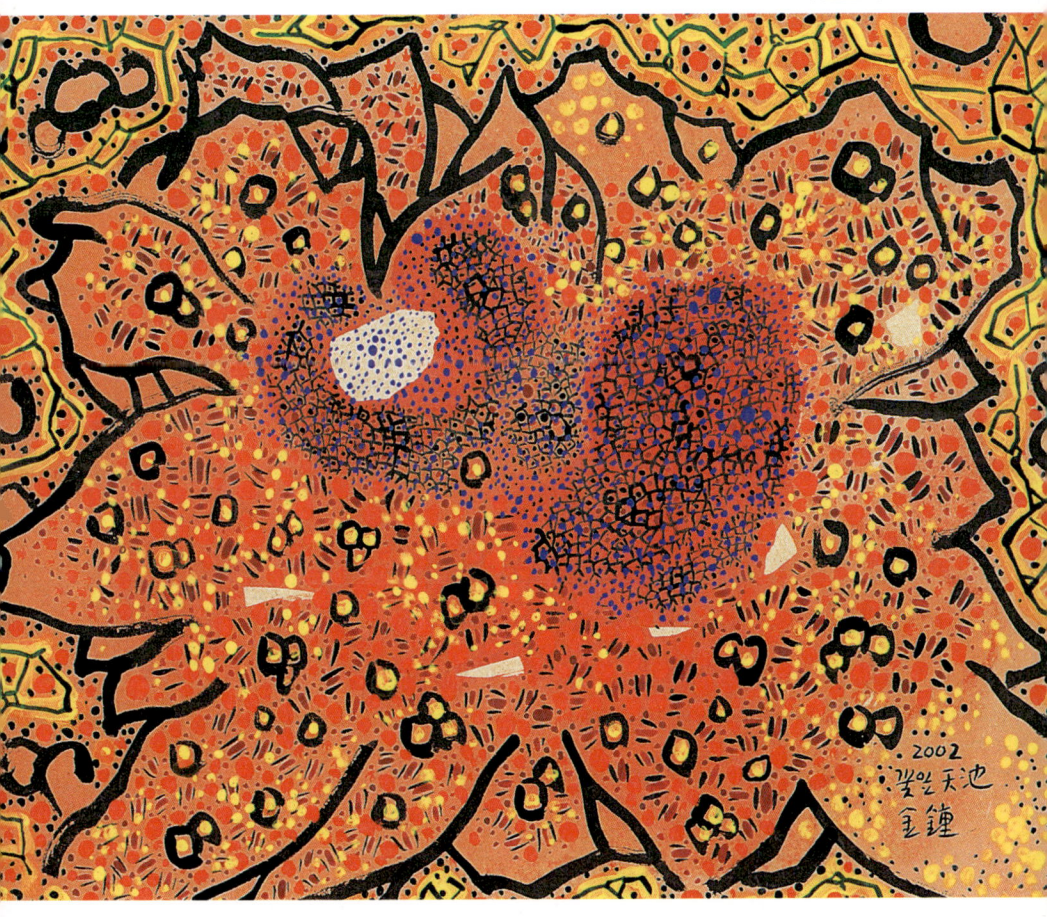

1부 _ 백두산 '天池'가 '王冠'이 된 사연

쉽사리 진정되지 않았고 나를 몹시도 들뜨게 했다. 저 늘씬한 자작나무의 속 깊은 중심으로 우리 국토의 심장이자 이상향이 비밀스럽게 숨 쉬고 있다고 생각하니 더더욱 감회가 크게 부풀어 올랐다. 첫눈에 들어온 백두산의 인상은 퍽이나 아늑한 자작나무 숲에 떠받쳐진 안식의 무대였다.

  백두산의 중국 쪽 명칭인 '장백산長白山'의 관문을 들어서서 얼마쯤을 달렸을까. 꽤나 높은 곳에 천지 행 지프차들이 도열해 있는 주차장에 당도했다. 이들 차량은 여행객들을 상대로 중국 공산당 간부들이 영업에 관계하고 있다고 했다. 차 중에서 '천지를 제대로 보는 일은 3세의 적공積功이라야 가능한 법'이라며 '한 달 치고 닷새 맑기가 어렵다'던 가이드의 너스레가 이날까지 백두산의 날씨변덕을 그리 부추긴 건 아니었을까. 그러나 그 같은 일도 내게는 통하지를 못했다. 모두들 쾌청한 얼굴의 천지天池를 소망했지만 '한 달 치고 닷새 맑기가 어렵다'는 말에 차 중은 다음의 관람시간을 걱정하는 듯했다. 나는 마이크를 잡고 "내가 지금까지는 국내의 날씨만을 조정해 왔는데 이곳은 우리네 얼굴산山이지만 그래도 외국 땅이라서 조심스럽기는 하다. 허지만 '정성껏' 조절을 해서 여러분이 바라는 쾌청한 날씨의 천지를 펼쳐보이겠다."며 나의 일품 너스레를 선보였다.

백두산 입구에서부터 내 흉중에는 왠지 모를 서기가 가득 차오르고 있었다. 올려다보니 포목자락처럼 드리워진 곳에 거대한 폭음 덩어리가 보였다. 장백폭포였다. 낙차 68m의 칠색 무지개가 공중에 걸려, 물줄기는 흡사 백룡白龍의 비상처럼 힘차고 아름다웠다. 나는 신발을 벗고 흐르는 물길 가운데에 들어가 발을 담그고 마시면 배탈 난다는 감격의 '천지수'를 배탈이 나든 말든 배가 터져라 들이키고 또 들이켰다. 배탈이 나는 건 순간이지만 이후에는 자작나무 숲이 숨겨둔 백두산의 감로수가 내 온몸을 피돌기하고 있다고 생각하니 기분은 하늘을 날을 듯 상쾌했다.

지프차를 타고 천지에 당도했다. 천지는 그야말로 화장기 없는 '쌩얼'로 오랜 친구처럼 우리 일행을 반기고 있었다. 내가 호언장담했던 '삼세三世의 적공積功'은 적중한 셈이었다. 그리 큰소리친 날씨가 조절이 되지 않아 천지를 안개 속에 묻어두고 하산했다면 얼마나 미안하고 허탈했을까를 생각하니 일면 다행이다 싶기도 했다. 일행 중에는 이제는 천지를 봤으니 죽어도 좋다는 자못 비장한 말소리도 들려왔다. 천지! 나도 천지를 봤으니 당신과 동일하다고 말하면서 화첩을 열고 4B 연필을 꼬나 잡았다. 그러나 우리가 천지에서 머문 시간은 기껏해야 3~40분. 천지를 보러 가는 날 하루에다 보고나서 하

山들의 달구경 2

룻밤 숙박을 하고 돌아가는 날 하루, 이렇게 이틀의 시간을 소비하고 그깟 3~40분은 너무한다 싶게 짧았다. 그래서 천지

_ 자궁에서 왕관까지 _

를 보고 내려오는 차 중에서 너무도 아쉽다는 사람들을 중심으로 일출日出관광 희망자를 모집했더니 모두가 동의해 주었다.

그래서 다음날 새벽시간에 천지의 일출관광을 목적으로 차편을 교섭했다. 그리고 새벽 두시에 차를 몰아 천지에 올랐을 때는 머리가 하늘에 닿을 만큼 낮은 곳에 달이 떠있었다. 그런데 그 달이 사람이 뜸한 틈을 내어 가끔씩 천지의 물속에 들어가 목욕을 했는지 물면이 벌겋게 물이 들어 조용한 곳의 경치가 더없이 아름다웠다. 그렇잖아도 두툼한 스케치북을 준비해간 나는 재빨리 콘태 연필로 그들의 광경들을 하나하나 그려나갔다.

우리가 천지의 아침 일출을 보자고 현지에 도착한 시간은 새벽 두시를 조금 넘긴 시간이었다. 그때부터 일행들은 여기저기 자신을 담아 기념촬영에 여념이 없을 때 나는 국토의 머리 백두산에 올려진 거대 왕관인 천지를 연신 시린 손을 녹여가며 몇 장이고 스케치해 나갔다. 6월 20일의 날씨라면 육지에서는 무더위가 한창인데 천지에는 아직 얼어붙은 눈더미가 간헐적으로 널려있었다. 그걸로도 2,750m의 산고山高는 혹서에도 한기가 여전하다는 생각이었다. 그리고 우리의 영산靈山 백두산은 6월임에도 이름처럼 백발이 성성한 신선 같은 신성의 명산이 분명했다.

불임의 세월, 운주사에서

　장마철인데 비는 오지 않고 태양만 연일 더위를 달구고 있다. 원방遠方의 친구가 와서 차를 몰아 운주사를 찾았다. 늘상 찾고 늘상 보던 사찰인데도 그날따라 일주문에 걸린 영구산 운주사靈龜山雲住寺란 편액을 지나 걸어 들어가는 사찰 마당까지는 왜 그리 멀게만 느껴졌는지.
　나와 운주사의 세월은 어림잡아 반세기를 헤아린다. 까까머리 초등학교시절인 50년대 말에도 조금 멀다 싶게 소풍을 다녀오던 곳이 이곳 운주사였다. 그때까지만 해도 운주사란 지금처럼 유명세를 타지 못한 평범한 사찰이었고 넝마조각 같은 돌부처나 석탑들이 다랑치논 여기저기에 아무렇게나 널브러져 쉬고 있었다. 어린 맘에도 '뭐 이런 곳이 다 있어' 하다가 궁금증이 우련 늘면서 '과연 무엇 하던 곳이었을까'로 바뀌곤 했다. 운주사는 어느 때 찾아가도 통상적 의미의 사찰

여섯 개의 예쁜 가슴을 가진 강물

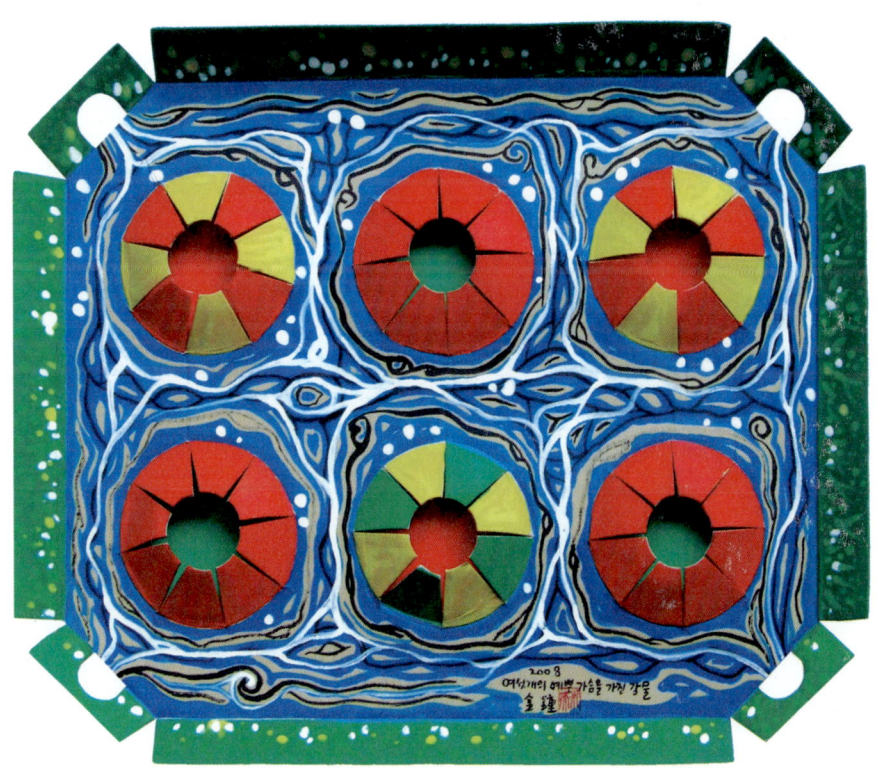

1부 _ 백두산 '天池'가 '王冠'이 된 사연

은 아니었다. 그러면서 세월은 흘렀고 광주에서 중·고등학교와 대학을 다니는 동안 운주사는 내 맘 속에 까마득 잊힌 사찰이었다. 잊고 살았다기보다는 잠시 잠깐 밀쳐두었다는 표현이 맞을 것이다. 그러는 사이에도 내 몸에 피돌기 하던 곳이 운주사였음인지 언제부턴가 마음 휘휘할 때면 가볍게 차를 몰아 다녀오는 단골코스가 운주사였다. 딱히 운주사보다 먼저 떠오른 곳이 없었다는 얘기도 되겠다.

 찾을 때마다 운주사는 참 많이도 변하면서 하루가 다르게 유명해졌다. 여느 사찰에 비해 특이하다는 것이 그리 만들었다고나 할까. 그러면서부터 불제자든 아니든 운주사는 이 나라 사찰문화를 뒤집어 놓을 만큼 혁명적인 명소였다. 『동국여지승람』등의 기록만으로는 운주사에의 갈증은 깊어질 수밖에 없었다. 사람들의 발길이 잦아지면서 들여다보고 들춘 것마다 수수께끼 아닌 것이 없었다. 언제 지어졌을까. 어떻게 지었을까 저 많은 돌탑과 돌부처는 무엇에 쓰자고 여기저기 깎아서 세웠을까. 실지 고서古書에는 운주사를 일러 천불천탑이라 기록하고 있다. 그리고 얼마 전까지도 사찰경내가 온통 석수장이 작업장 내지는 훈련장 같은 덜 정리된 고물상(?)에 진배없었다.

 운주사를 보고난 사람들은 사람마다 주장이 달랐다. 전문

山寺의 숲

1부 _ 백두산 '天池'가 '王冠'이 된 사연

가는 전문가대로 평상인은 평상인대로 저마다 다른 의견을 내세우고 자신들의 의견을 보태나갔다. 그러나 운주사는 언제 어떻게 지어졌을까 하는 축조연대부터가 여전히 수수께끼다. 제작물들의 의도 또한 짚어내는 일은 미궁이고 저들 석조물의 표현양식하며 수량하며 신화의 골짜기에는 김 서린 불가사의가 여전하여 지금도 마르지 않는 궁금증과 호기심으로 가득하기만 하다.

  찾아온 글쟁이 노래쟁이 그림쟁이들은 눈치코치도 보지 않고 물통에 샘물 퍼가듯 운주사의 영감을 퍼가고 또 퍼갔다. 그런데도 필자 같은 어병한 반거충이만 운주사를 고자 처갓집처럼 찾아들어 불임의 세월만을 이어갔던 것이다. 나에게 운주사는 세월로나 횟수로나 눈감고도 돌아 나올 만큼 그 지리가 환한 곳이었다. 그럴수록 쓸 만한 일에는 언어도 곡조도 색채도 달아나고 말아 장마통의 불볕더위보다 더한 왕짜증에 물면 위의 낙엽처럼 밀려다닐 밖에 더 있었겠나.

재앙이로다 SNS여!

　사찰과 명승지 몇 곳을 둘러보면서 우리나라가 참 아름답다는 새삼스런 생각을 하며 봄나들이를 다녀왔다. 돌아오는 차 중에서 내 뇌리를 맴돌던 장면 하나가 있었다. 길게 빼어 문 혀가 산자락처럼 늘어진 발설지옥拔舌地獄이라는 벽화였는데 혀에다 쟁기를 박아 밭뙈기처럼 갈아엎는, 상상하기조차 끔찍한 그림이었다. 자비를 제 일의로 삼는 부처님 나라에도 선업의 훈육에는 이리 끔찍한 내용도 있었구나를 느끼는 시간이었다.
　살아가면서 셀 수 없이 많은 말을 하는 것이 사람세상의 일이다. 말은 사람만의 특권이기도 하고 의사소통을 위한 절대적인 수단이기도 하다. 그런데 필요 충분적 수단이 무제한으로 풀려서 입으로 화禍를 짓는 시대를 요즘 들어 더더욱 실감하곤 한다. 옛 어른들은 말에 대한 가르침이 각별했었다. 일

보법과 응시

단 입으로 쏟아낸 것은 모두가 화禍가 된다는 전제하에 '쏟아 내기는 쉬워도 주워 담기는 어렵다'란 말로 끊임없이 강조하여 경계한 것이다. 그래서 우리 선인들은 직접화법보다는 은유와 상징을 즐겨 썼었다. 그리고 상대를 힘들게 하는 거칠고 폭력적인 말은 최대한 억제하거나 피하면서 마땅한 품격과 예의를 차리려 했었다.

나 자신을 포함하여 요즘 사람들의 살아가는 행태를 보면 나를 벗어난 상대에 대해서는 그에 따른 별다른 배려가 없다는 사실이다. 상대에게 상처 입히고 오금 박는 일은 저지르는 일이 무감각할 만큼 빈번하다. 그 이면에는 남이야 죽든 살든 나만 잘 살고, 나만 이기면 절로 장땡이라는 투다. 그러다 보니 주워 담기 어려운 말을 거침없이 퍼 나르고 무제한 방출하는 일이 비일비재하다. 쏟아내는 말이 개구리 알처럼 불어나고 그것들이 계속해서 부화해도 멈출 줄을 모르는 것이 사람의 말이다. 거기에다 이 같은 말들은 폭로성 흉기가 되어 주야로 난무한다. 옛 어른들은 인명은 재천在天이라 하였다. 타고난 운명은 하늘이 점지한다는 의미이겠다. 그러던 것이 재호在虎로 바뀌다가 이내 재차在車로 바뀌더니 이제는 재구在口가 되어 입이 재앙의 중심에 등극하기에 이르렀다. 진짜로 입이 저지르는 화가 호랑이보다도 무서운 세상이 되어버린 것

전라도, 홍어의 세월

이다.

　말이 아니더라도 입에서 쏟아낸 것이면 순식간에 우주를 가득 채우고 넘친다. 순전히 인터넷이라는 괴물이 세상의 주인자리에 들어서면서 지배 권력의 중심을 SNS가 쥐고 흔드는 형국이다. 이 같은 자리에는 인정지간의 일이란 도대체가 지켜지고 남아난 것이 별로 없다. 무기로 살상하는 것은 옛날의 일이 되고 주워 담지도 못하는 말 때문에 죽어나가는 사람들의 시체 썩는 냄새가 인간세상을 뒤덮고 있다.

　혀를 늘여 빼고 그 위에 쟁기를 박아 갈아엎는 발설지옥은 이제는 인터넷께서 관리하신다. 요컨대 인간들이 그 어떤 저항 한 번 없이 이리 수말스럽게 인터넷의 조정과 간섭을 받아들일 줄은 인터넷도 몰랐을 것이다. 인터넷에만 진입하면 별의별 악마도 조건 없이 반색하고 환호하고 어울리는 세태를 두고 우리 인간은 시키는 대로 따라하는 로봇 이상의 기능을 상실한 지 오래다. 그저 인터넷의 고삐에 끌려 다니는 일이 이제는 지상의 선처럼 되어버렸고 인터넷을 언제쯤 손 놓아 버릴까 부터가 전전긍긍이다. 그래, 인디넷께시는 인간들의 이 같은 꼭두각시놀음에다 흘러나온 아비규환을 즐기시는 중이니 장히 좋기도 하시겠다.

천인조 꼬리 더하기
- 예술을 위한 예술의 변명

    반복된 논의에도 불구하고 '예술'은 어렵다. 그래서인가 예술을 설명하기 위해 장님 '코끼리 만지기'처럼 이런저런 이론으로 나름의 독법을 찾아가곤 한다. 예술이 아리송하다는 것은 모두가 동의하면서도 예술가는 자신만의 곤궁한 시간을 거슬러 헤엄쳐 오르기를 쉬지 않고 시도한다. 필자의 경우 직접 생각한 바를 '작업'하기도 하고 3자적으로 '작품' 앞에 서서 감상자가 되어보기도 한다. 그러니까 제작자이기도 하고 감상자이기도 하다는 양수 겹장의 입장에 서서 무언가를 작정한 다음 작가와 감상자를 겸한 넘나들기인 것이다.
    그럼에도 예술의 항상성은 예외 없이 사람을 지향한다. 사람이 만들고 사람이 담기는 때문이다. 설사 그것의 관심사항이 사람이 아닌 다른 사물일지라도 그 또한 사람을 대신한다는 것은 불문가지다. 사람이 만들기에 예술이고 사람이 담기기에 예술이다. 그러기에 이 많은 세월에 예술은 사람과 함께 하며 생존할 수 있었다. '사람'이 빠진 것들은 애시당초 예술이 아니라는 얘기도 여기에서 비롯되는 것임은 물론이다. 그러기에 사람이 만들고 사람이 담기고 사람이 즐긴다는 것. 그러기에 사람은 당초부터 생김새부터가 예술이 전제되어 있었던 것이다. 생식 이외의 시간에도 성애를 즐기고 인간의 오감이라는 색깔별 칸막이를 두고 보고, 듣고, 냄새 맡고, 맛보고, 느끼는 행위 모두를 예술로 가는 확실한 통로로 사용했음은 물론이다. 다른 동물에게도 예술에의 인식과 제작과 향유가 가능하다면 그 자체로 '사람의 영역'에 포함시킬 수 있을 것이다. 나는 언제부턴가 사람이 가꾼 기화요초 모두를 예술이라 못 박았다. 개성을 투입한 땅에 씨 뿌리고 김매고 물주고 열매 맺게 하는 것들 모두가 형형색색으로 피어난 기화요초이고 예술이다.

　'기화요초'라는 말은 '화초'에다 '기기묘묘하고 아름답다'는 수식어를 덧댄 말이다. 자연 상태의 풀꽃만으로는 예술이기는 하되 아직 어딘가에 보충할 부분이 남아있음을 전제하고 여기에 개성을 투입한 장식과 왜곡과 변개가 필수적으로 뒤따른다는 의미이다. 분명 특별한 새로움이라야 사람들의

고니 타고 날다

_ 자궁에서 왕관까지 _

눈길을 끌고 신기함에 나아가는 통로라는 것은 재론의 여지가 없겠다. 그러기에 요즘 사람들은 '낯설게 하기'를 조건으로 애써 예술을 설명하려 한다. 그러나 청대의 평론가 김성탄 金聖嘆 같은 이는 '시인(예술가)이란 조물주의 미진한 능력을 보충해주는 사람' 쯤으로 정의한 바 있다. 이 자체만 가지고도 예술의 정의에 폭풍 같은 혁명성을 가하는 것은 물론이다. 그리고 이쯤은 돼야 예술을 향한 환골탈태가 느껴진다면 나만의 생각일까.

문득 스웨덴의 행동생태학자 앤더슨의 천인조天人鳥 실험이 떠오르는 순간이다. 천인조는 일단은 참새를 닮았다. 그리고 몸집 또한 참새와 별반 다르지 않지만 수컷은 번식기가 되면 20cm나 되는 긴 생식 깃이 기형적으로 돌출하는 아름다운 새라고 한다. 그 새가 내세울 건 꼬리 이외에는 없기에 그것이 우리의 눈길을 끄는 특별함이 되는 것이다. 앤더슨은 이 새가 수컷의 꼬리를 소유함으로써 암컷과의 찍 짓기가 가능하다는 사실을 절묘하게 관찰한 것이다. 한 무리의 수컷에겐 꼬리의 절반을 자르고 그것을 다른 무리에다 붙여준 결과 꼬리 잘린 수컷에겐 암컷의 숫자가 알아보게 줄었고 꼬리 붙인 수컷에겐 모여든 암컷들로 문전성시를 이루었다고 한다. 자연계의 꼬리보다 긴 꼬리를 만들어서 자연계에 던져놨더니 당신이 선택한 기린은?

더 많은 암컷들이 덤비듯이 모여들더라는 얘기다.

핀치류의 일종에다 암수 모두의 몸길이가 13cm에 불과하지만 수컷은 번식기에 20cm나 되는 생식 깃을 자랑하는 아름다운 새인 천인조는 원산지는 아프리카이다. 그리고 드넓은 풀밭에서 무리 생활을 하며 일부다처제로 수컷 한 마리가 암컷을 30마리까지 거느린다는 설명이다. 사육할 때 종이 다른 새와 동일한 새장에서 기르면 다른 새들을 해치는 경향이 있다는 것. 또한 알을 품거나 새끼를 기르는 등의 번식성이 없어 다른 종인 단풍조, 심산풍조, 협홍조의 둥지에 알을 낳는다 하였다. 이러한 성질 때문에 사육조로서는 관상용에 그치고 번식 또한 까다로워 가금으로는 개량되지 못한 상태라는 것이다.

앤더슨의 실험으로도 예술의 현재적 포즈가 뚜렷해진다. 자연계에서 천인조는 특별한 새였다. 그런 터에 여타 천인조의 꼬리를 이어 신기함을 더했더니 암컷들의 짝짓기 현상이 상상을 넘어서더라는 것이다. 예술은 미적 개안의 극대화에 이르는 작업이다. 예술이 아니고도 통상적 행태로는 그 어떤 것도 사람들의 눈길을 잡아들이지 못한다는 사실이고 천인조 수컷의 경우 통상적 현상만으로도 특이함이 되기에 충분한데 그리 보면 시도, 그림도, 음악도, 연극도, 무용도 이에서 예외

일 수는 없다 하겠다.

  천인조의 꼬리 더하기로 예술을 말하면 상상 이상의 흥미가 동한다. 말이 쉽지 현실에서 평범한 새의 꼬리에다 천인조의 꼬리 더하기가 어디 생각처럼 용이하겠는가. 그러나 예술이란 작업 자체가 인간 세상에 새로움을 더하는 일이어서 자연이든 인공이든 특이하고 기질에 넘치는 천인조 꼬리에다 다시금 꼬리를 보태는 일은, 뭇 화초들을 모아서 한 번도 존재한 적이 없었던 기화요초를 정원 가득 조성하는 일에 진 배 없겠다. 예술로 하여 세상 사람들의 목덜미가 길어지고 천인조의 꼬리에다 무지개 같은 꼬리를 보태는 일이 예술이라면, 우리는 예술을 통해 꼬리가 늘어난 천인조 수컷들과 암컷들이 짝짓기 하는 북새통을 하늘 닿게 경험할 것이다.

2부

계림에서 만난 "山이 이 된 사람들"

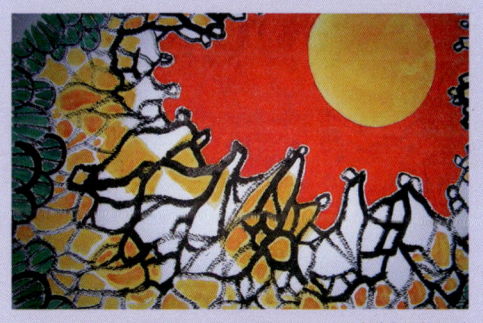

사람을 닮은 산

짧은 무등산無等山 이야기

　2012년 말 무등산이 스물한 번째로 국립공원에 등극하였다. 2017년 말에는 무등산이 세계지질공원으로 유네스코문화유산에 등재되는 경사도 맞았다. 무등산은 이제 우리 지역 광주나 대한민국의 산을 넘어 지구촌 사람들의 산이라는 표현이 맞을 만큼 대단한 산이 되었다. 국립공원 순번에서 무등산의 스물한 번째는 늦었다 싶지만 우리지역 사람들은 무등산의 국립공원 등극이나 세계문화유산 등재가 기분 좋기만 했었다.

　무등산은 동서남북 어느 한 군데도 사랑과 인자함이 스미지 않은 곳이 없다. 조석으로 손 내밀면 감촉이 느껴지는 산, 사방팔방 어디를 봐도 기웃거리고 싶은 산, 이날 평생을 광주·전남과 운명을 같이 해온 산…. 손을 꼽자면 한이 없다. 무등산은 무덤 하나를 엎어놓은 것 같은 둥글납작한 산이다. 그런 때문인지 무등산의 명칭은 무돌산, 무정산, 무당산 등과 함께 무덤산이라는 말에서 그 유래를 찾기도 한다. 나는 가끔씩 무등산이 하나의 무덤이라면 얼마나 좋을까를 생각하곤 한다. 그리만 되면 진시황 무덤 보여주고 돈벌이하는 중국이나 피라밋 보여주고 재미 보는 이집트 따위가 어느 안전眼前이라고 대한민국의 무등산과 맞담배질하겠는가.

  무등산의 형상을 둥글납작한 무덤 같은 산이라 했는데 풍수학風水學에서는 산의 유형을 화·수·목·금·토 등 다섯 가지로 설명하고 있다. 화산火山은 말 그대로 수탉의 벼슬처럼 뾰족뾰족하거나 금강산 만물상처럼 갈기를 세운 형상의 산이다. 수산水山은 화산과는 반대의 형상으로 너울을 이루어 흘러가는 강물 같은 산이다. 목산木山은 광주 북구의 월각산月角山처럼 대패로 각 지게 밀어놓은 것 같은 산이다. 그리고 종鐘처럼 위로 둥근 산이 금산金山이고 아래로 둥글납작한 산이 토산土山인데 그리 보면 무등산의 형상이 영락없다.

  광주·전남사람들의 대체적인 심성은 너그럽고 넉넉하고 인자하고 따뜻하다. 풍토에서 사람의 기질이 나온다면 우리 호남사람들의 이 같은 기질은 무등산에서 배우고 익힌 심성이 아닐까 싶다. 그러나 호남사람들이 무등산을 닮았다 해서 항시 너그럽고 넉넉하고 인자하고 따뜻한 것만은 아니다. 광주

따뜻한 無等山

를 비롯한 호남사람들은 불의不義한 것을 보거나 수틀리면 더 이상 보지 못하고 그대로 때려 엎는 성향이 강하다. 무등산 정상부의 귀봉이나 서석대, 입석대에 기립한 주상절리대柱狀節理臺가 금강산 해금강을 앞지르지만 호남인들의 소위 그 때려 엎는 기질은 바로 여기에서 연유한다는 이가 있다. 이성계가 역성易姓 혁명으로 나라를 세우고 무등산, 한라산, 지리산 등 삼신상三神山 산신령에게 초청연회를 열겠다고 통보했는데 지리산, 한라산 산신들은 참석했건만 무등산 산신은 참석치 않았다. 이를 못마땅하게 여긴 이성계가 무등산을 등급이 없는 산, 즉 벼슬하지 못한 산, 무등산이라 했다는 깃이다. 이것은 부당한 권력탈취로 새 나라를 창업한 이성계의 건국을 이 고을 사람들은 마땅하게 생각지 않았음의 표현이라 여겨진다.

 확실히 무등산을 중심에 두고 살아가는 호남사람들은 불의하거나 수틀린 것을 보면 그대로 놔두지 않는 기질을 지녔다. 나라의 위기 때마다 분연히 일어서서 목숨 걸고 싸운 사람들은 호남인이었다. 그 대표적인 것이 의병운동인데 의병은 나라의 명령이나 징발徵發에 기대지 않고 자원 종군하는 민군이거나 자위군을 말한다. 그런데 통일신라에서 시작하여 고려, 조선시대를 거쳐 한말의병까지 이 나라 의병장의 60%가 광주를

입석대 · 서석대

_ 자궁에서 왕관까지 _

중심한 호남사람들이라는 사실이 이를 증명한다. 죽음으로 따르는 민초병력이 없으면 절대로 불가능한 것이 의병장이다. 지난 1980년의 광주민주화운동이 그것을 잘 말해주며 그런 의미에서 무등산은 이 나라 의병운동의 성지이기도 하다.

북구의 매곡동 연파정連波亭에는 "용립천탱聳立天撑에 당안고공當案高拱"이란 글귀가 새겨져 있다. "높이 솟아 하늘을 지탱하며(떠받치며) 둥글게 팔짱을 낀 모습"이라는 의미인데 무등산의 형상을 그려내듯이 표현한 사실적인 글귀라 하겠다. 무등산 골짜기 골짜기에는 거대한 금광처럼 김덕령장군의 전설이 김 서려 있다. 아예 무등산을 김덕령金德齡의 산이라 해도 손색이 없을 만큼 갖가지 진귀한 전설이나 설화들이 재능있는 시인 작가들의 천재성을 기다리고 있다.

여기서는 '계산풍류溪山風流'를 언급하는 것으로 우리의 무등산 이야기에 대신하려 한다. 계산풍류란 시내 '계' 뫼 '산' 바람 '풍' 흐를 '류'로써 경치 좋은 곳에 누각이나 정자를 지어놓고 문학이나 역사나 철학을 논하면서 제자를 기르고 시회를 열고 잘못된 정치 현실을 토론하던 조선조의 선비문화를 이르는 말이다.

호남에 서원書院이 들어온 것을 16세기 후반으로 어림한다. 정자가 지어진 것은 이보다 1세기쯤 이른 15세기 후반이었다. 당시는 기묘사화 등 여러 사화士禍를 겪은 선비들이 벼슬살이에 염증과 환멸을 느끼면서 환고향했고 자연과 벗하면서 제자를 기르고 시회詩會를 열어 풍류風流를 즐겼던 것이다. 이 같은 계산풍류는 이 나라 문학적 자산을 늘리고 기라성 같은 문인들을 줄줄이 사탕으로 배출한 거대 진원지였다. 면앙정俛仰亭 송순宋純을 필두로, 고봉高峰 기대승奇大升, 하서河西 김인후金麟厚, 송강松江 정철鄭澈, 소쇄처사瀟灑處士 양산보梁山甫, 석천石川 임억령林億齡, 서하당棲霞堂 김성원金成遠, 백호白湖 임제林悌, 사촌沙村 김윤제金允悌, 미암眉巖 유희춘柳希春, 청련青蓮 이후백李後白 등등 당대의 일류 문사들이 자신들의 재능 위에 무등산의 풍광風光과 정신을 감동적으로 노래하였다. 이때를 담아내지 않고서는 이 나라 문학의 역사를 쓸 수 없을 만큼 이들이 보인 문학적 성과는 실로 대단한 것이었다. 그리고 이 같은 계산풍류가 오늘날 중요 문화재로 평가받는 이면에는 이 지역 창평과 담양평야의 경제력이 밑 받쳐져 있다.

이 지역 호남의 선비들은 다른 지역과는 달리 벼슬살이에 그리 크게 집착하지 않았었다. 이 나라 최고의 선비인 퇴계退溪 이황李滉 선생과 13년이나 서신왕래를 통해 사칠논변四七論辨이라는 선비사회의 최고의 토론문화를 펼쳤던 고봉 기대승 선생은 14년간을 벼슬을 살았는데 이중 7년간은 고향에 내려와 지낼 만큼 보통 사람의 눈으로는 이해되지 않는 관직살이를 하셨었다. 이 모두가 무등산과 담양·창평 들녘의 생산력이 밑받쳐져 있었기에 가능한 것이었다. 무등산은 광주의 여덟 가지 경치 중 첫 번째의 승경이고, 다른 경치들도 이 무등산과의 연장선상에서 형성된 것들이다. 무등산의 풍모가 등받이 의자처럼 깊고 아늑한 품을 열어 광주와 호남을 안아주는지라 언제든 차를 몰고 찾아가면 금방이라도 생신한 기운을 받아올 수 있다.

예로부터 사람은 길러지고 명산은 만들어진다 했다. 무등산을 보고 배우면서 광주·전남 사람들은 무등산의 세월의 나이를 먹었다. 그래서 광주·전남 사람들의 나이는 무등산과 만나서 어울린 무등산의 나이라 할 수 있다. 광주가 사람 세상의 자유를 지키고, 민주주의의 깃발을 세계만방에 흔들어댈 수 있었던 것은, 모두가 무등산 덕분이라 할 수 있다. 평상시는 있는 듯 없는 듯 별 느낌이 없다가도, 시련과 고난이 닥칠 때면 무등산 덕택에 눈부신 부활을 이룰 수 있었다.

그런 의미에서 슬플 때는 격려가 되고 기쁘고 즐거울 때는 동반자가 되어주던 산이 무등산이다. 무등산은 광주사람에 대해서는 불로초不老草이고 보물섬이고 1,187m라는 높은 키 파라다이스이다. 광주·전남과 무등산은 어떤 경우에도 둘

무등에 살기 위하여

_ 자궁에서 왕관까지 _

로 나뉠 수 없는 운명의 산이다. 시대가 스토리텔링의 시대이니만치 광주를 비롯한 전남과 호남사람들은 지구촌 사람들이 감동범벅이 될 때까지 무등산을 지키고 무등산을 만들고 무등산을 사랑하자는 다짐의 말씀으로 이야기를 맺고자 한다.

계림에서 만난 "山이 이 된 사람들"

　새천년의 문이 열리던 2001년 7월, 나는 열 번째의 중국행에서 계림桂林을 찾았다. 계림의 산들은 멀리서부터 돌올한 산봉우리들이 총궐기한 대운동회였다. 당시만 해도 계림은 가난했던 우리네의 6,70년대처럼 흙먼지 풀썩거리는 비포장의 땅이었다. 길 양옆의 전답뙈기엔 대단위의 연蓮꽃 단지가 그들먹해도 충수돌기처럼 돋아난 십만 개의 산봉우리 앞에서 감히 눈을 뗄 수가 없었다.

　'십만 개의 산봉우리라!' 내 뇌리는 총합總合에 들어선 계림의 산들로 과연 난리가 날만도 하다. 이쯤 되니, 내 눈 앞의 광경이 어느 정도인지 상상이 되지를 않았다. 준비해간 스케치북은 밀쳐두고 솟아난 멧부리마다에 넋을 잃고 말았다. 이리 엄청난 장관 앞에 내 스케치 따위가 무슨 간지럼 태우기란 말인가. 불가사의로 가득한 저들 대자연의 형용들을 어찌 화폭에 옮겨올까 궁리에 궁리를 거듭했다. 대책 없이 솟아난 그 많은 산봉우리들 앞에서 조물주의 무모함만을 되새김하던 나는 소화능력마저 엄청 초과된 느낌이다. 초등학교 시절, 금강산을 일만 이천 봉이라 배우면서 그리도 놀랐는데 저들의 봉우리는 자그마치 십만 개란다….

  조물주를 탓하는 것도 멋쩍어서 가까스로 각다분한 생각들을 수습하고 이리저리 의미부여를 궁리해 봤다. 담양의 왕대 죽순밭? 야전장에 펄럭이는 장군기? 산이 사람보다 많다?…등등. 그러나 이런 표현들로는 나의 타는 목마름은 해갈이 되지를 못했다. 당혹감은 이내 행복감으로 바뀌면서도 마땅한 표현을 얻는 데는 실패하고 말았다. 고려 때 한림학사를 지낸 김황원金黃元이 평양 부벽루에 올라서 평양의 산천을 읊은, 그곳의 시구들이 한결같이 신통치 못하다고 뜯어다가 불태워버렸다. 그리고는 자신이 직접 시를 지어 걸기로 작정하였다가 해가 질 무렵에야 겨우 "긴 성벽 한 편으로는 넘쳐 넘쳐흐르는 물이요, 넓은 들 동쪽에는 한 점 한 점 산이로다.長城一面溶溶水 大野東頭點點山"라는 시구를 얻고는 끝내 그 다음 짝을 찾지 못한 채 통곡을 하며 내려왔다는데 지금의 내가 딱 그 꼴이 아닌가. 산이 저렇다면 물 또한 이에 상응할 터. 아니나 다를까 계림은 산보다 물이 더 유명한 곳이라 했다. 물과 관련

하여 상상한 계림의 실감 또한 뭉게구름처럼 무한 부풀어 올랐다.

그리고는 현장에서는 결론을 내지 못하고 한국에 와서도 나는 소득 없는 나날을 보내며 계속 끙끙거리기만 했다. 무엇인가가 감잡힐 것 같은 계림의 영상들이 허당 같은 날짜만을 넘기고 있었다. 쉽게 뚫리지 않는 내 영감이 한스럽기까지 했다. 나를 향해 불을 켠 그 많은 산봉우리들의 기립을 무슨 재주로 응답할 것인가.

살아갈 재미마저 잃어버리고 하루하루를 시름거리는 사람이 되어갔다. 그렇게 한 달이나 지났을까. 그날따라 조금 이른 시간에 잠자리에 들어 꿈을 꾸는데 십만 개의 산봉우리들

山이 된 사람들 1

이 현실처럼 펼쳐져 있었다. 꿈이 꿈인지라 나는 그 봉우리들을 하나하나 찾아갈 수 있었다. 일순 찾아간 산봉우리들은 사람으로 서 있다가 저벅저벅 걸어서 나에게로 다가왔다. '아니 이런, 사람이라니! 그 많은 산봉우리가 죄다 사람이었네?' 내심 별일도 다 본다고 생각하다가 잠에서 깼다. 자리에서 일어나자 곧바로 붓을 들어 캔버스에다 꿈에서 봤던 산들의 형상을 선을 쳐가며 그려나갔다. 산봉우리가 솟아날 때마다 사람 닮은 산이 하나씩 둘씩 계속해서 늘어나는 것이었다. 그제서야 그 많은 산들은 계림에 모여든 사람이란 걸 알았다. 산이 사람이라! 전광석화처럼 생각이 스치고 그 자리에서 「산이 된 사람들」을 작품 제목으로 잡아낼 수 있었다.

시인 묵객이라면 누구나 욕심내는 자연 중의 하나가 계림이다. 그래서 많은 예술가들이 계림을 두고 재능과 열정을 다하여 그림으로 그리고 시로 읊고 노래로 불렀을 것이다. 나의 과문 탓이지 싶지만 그럼에도 계림을 보여준 천재의 솜씨는 이날껏 만날 수 없었다. 저것들을 제대로 표현하여 보여주었더라면 세상이 이리 조용할 수는 없다는 것이 나의 생각이기도 하고….

그날 밤 「산이 된 사람들」이란 표현을 제목으로 잡아내고 나는 주체하기 힘든 흥분을 삭이려 자정이 다된 시간에 누군가와 밤을 새워 술을 마시고 싶었다. 그러나 자정이 다된 시간에 그 누구도 불러낼 수가 없어서 혼자서 시내의 한 술집을 찾아 세상의 술독이 바닥날 만큼 대취하고 말았다. 계림의 여행에서 만난 산들을 이처럼 그림의 소재로 끌어 들이면서 나는 참 큰 것을 얻었다. 첫 전시가 있던 2000년 겨울부터 산山은 나에게 멋진 전리품들을 한 가득 선물하곤 하였다. 새벽 2시에 천지天池에 내려와 목욕을 하며 물면을 벌겋게 달구던 보름달의 목격담이나 지금도 지아비와 지어미로 살아가는 금강산 상팔담의 나뭇꾼과 선녀의 이야기 등도 산이 나에게 베푼 은택의 품목들이다. 그리고 천지에서의 작품은 「천지엔 가끔씩 달이 빠진다」로 제하였고 금강산 나뭇꾼 이야기는 「상

山이 된 사람들 2

2부 _ 계림에서 만난 "山이 이 된 사람들"

팔담에 꽃잎 띄우고」로 이름 붙이고서야 한 굽이의 생각들을 접을 수 있었다.

　자연의 일부인 산이 자연의 일부인 인간에게 가르침을 건네는 공간이 계림이라는 생각이 실감되었다. 산·수山水라는 두개의 사물로 상생의 정신을 드러낸 계림의 대자연은 산이 된 십만 명의 사람들이 한 공간에서 한집 살림을 하는 은유隱喩의 거대 주거지였다. 나의 회화작품「산이 된 사람들」은 비록 중국 계림의 산세에서 얻은 것이긴 해도 이 지상의 자연이 살아서 넘실거리는 생명의 더할 나위없는 기쁨이면 장히 좋고 또 좋겠다는 생각이다.

금빛 '왕관', '天池'에서

 나는 지금 카리스마가 물동이처럼 출렁이는 '천지天池'의 물면을 바라보고 있다. 낮 시간을 이용한 3~40분의 관람으로는 천지와의 만남은 너무 짧았다. 그리고 많이 아쉬웠다. 그리하여 별도로 천지를 찾아 일출을 보자고, 희망자를 모집하여 새벽 두 시에 다시금 오른 천지行이다. 주위사방이 교교한 천지는 한눈에 봐도 금빛 찬란한 왕관이 역력했다. 이 신성한 기운으로 만년세월에 우리 민족의 창성함을 에너지의 형식으로 흘려보낸 것이라 생각하니 감격스런 맘에 절로 고개가 숙여진다.
 그 카리스마가 흘러든, 봉우리들의 늠렬함을 눈을 들어 둘러본다. 백두산의 높이가 2,750m이고 왕관의 형상으로 올려진 백두산의 천지天池는 그 정상의 찬란함이 하늘을 대신한 위엄이 되어 이리도 황홀하다. 갖가지 투각문透刻紋과 양출문

陽出紋으로 장식된 여러 장 금판들이 광휘를 반짝인다. 그 광휘를 타고 바람마저 애교 부리듯 팔랑거리고 있다. 가장자리, 중심 할 것 없이 빛이 걸어 들어가는 굽이마다 열두 폭 비단 치마처럼 칠색 무지개가 걸려 있다. 드문드문 비취곡옥이 박혀있다. 대륜大輪의 아래위를 점문點紋의 간격만큼 찍힌 격자문의 형상들이 더없이 신비하고 아름답다. 돌올하면서도 저젖어 내리게 고운 봉우리들의 어깨선 관능이라니…. 저쯤의 미인들이니 손에 손잡고 돌아가는 내 나라의 앞마당에 노래소리 드높은 한바탕 강강술래가 어찌 없을 것인가. 이 볼만한 광경은 하늘도 침을 삼키며 구경하고 있으려니 이 자리에 서 있는 나 자신도 왕관의 일부처럼 반짝이는 것은 아니었을까 내심 어깨가 으쓱하다.

　독일의 한 지리학자가 천지는 수심이 442m가 넘는 세계 10대 호수 중의 하나로 손꼽았다고 한다. 10대 호수란 게 어디에 근거하는지는 모르되 '천지'를 여느 호수 등속에 함부로 포함시킬 일인가. 실크로드 여행길에서 크기도 이름도 우리와 동일한 '천지天池'를 만났었는데 생김새는 비교하고 싶지 않을 만큼 평범한 호수였다. 우리의 천지가 그 무엇과도 견줄 수 없는 개성이 넘치는 '천하제일의 호수'라는 의미이다.

　천지는 일명 용왕담龍王潭으로도 불린다. 용왕이 거주하시

백두대간의 탑과 숲

2부 _ 계림에서 만난 "山이 이 된 사람들"

는 호수란 의미일 것이다. 병풍처럼 둘러친 화구벽을 타고 호반으로 내려가는 길은 남쪽의 불먹火項으로 통하는 길이 유일하다 한다. 영조 때(1764) 박종朴琮(필자 이름과 동일함)이 쓴 백두산 탐승문에는 "…움푹 꺼져 들어가기를 천 길이나 되며… 엎드려 보면 무서워서 몸이 떨리고, 검푸르게 깊은 것이 잴 수 없으며 땅 구멍으로 통할 것만 같다."고 하였다. 호수 천지의 신비와 카리스마가 실감나게 묘사된 대목이라 하겠다.

하늘에서 조감한 천지는 사람 몸통 모양의 형상이라고 한다. 이리 보면 내가 천지를 묘사한 '왕관'이란 게 머리에 올린 관모冠帽이니 개연적으로도 적중한 셈이다. 시계바늘 방향으로 눈을 돌려 장백폭포에서부터 백암산, 비류봉, 망천후, 병사봉, 마천우, 충암산, 차일봉 등등이 금관총 과대나 요패의 형상을 이루어 시야에 들어온 천지는 과시 금빛 황홀한 왕관의 절정이다.

기질적으로 천지는 식물성도 광물성도 아닌 동물성으로 다가왔다. 그것도 갈기를 세운 엄청난 야성의 동물성이 느껴지는, 고귀하면서도 신비함을 만끽한 어떤 지존이었다. 천지의 이 같은 형상적 기질은 우리와 혈연을 이은 단군 할아버지가 건국하시던 그 먼 옛날부터 흘러 내려온 것이리라. 저 발돋움하듯 솟아난 멧부리하며 부드럽게 흘러내린 밋밋한 어깨선의

산들의 기립방식

2부 _ 계림에서 만난 "山이 이 된 사람들"

관능미하며 하늘 물을 받아내는 장대한 둥근 원통형의 외모하며…. 이것들이 내 동공에 들어와서 연신 구상과 추상을 함께 아우른 형태적 집합이 되고 구만리장천을 흔들어 깨울 폭풍과 우레의 영지領地로 재탄생 중이다. 바로 이 영지가 자작나무 숲으로 받쳐 올린 금빛 찬란한 왕관의 위엄이라니…. 그래서 왕관형상의 천지와 자작나무 형상의 금관과는 상호 밀접함이 절로 느껴진다.

   손 시리게 스케치 한 천지와 나의 7시간의 조우가 더없이 으쓱하다. 금관이 금관총에서 출토된 부장품이라면 천지는 하늘의 품안에서 꺼낸 우리 민족의 만년 무궁한 칭예의 '왕관'일터! 우리 국토의 머리 백두산 천지에다 색 고운 무지개를 동서남북 사방에 걸어두고 하얀 각선미의 자작나무들이 일심동체의 울력꾼으로 몰려나와 찬연하게 천지를 들어 올리고 있다. 갈기를 세운 말고삐를 잡고 한달음에 산맥을 넘은 위대한 영웅이요, 제왕의 머리에 들어올릴 왕관의 탄생이다.

"태양을 들어 올리는 사람들"을 그리며

　이 많은 세월을 태양은 일편단심 아침시간에만 동쪽에서 떠오른다. 지구의 생성 이래 태양이 뜨지 않는 아침이란 없었다. 신생한 아침은 그래서 설렘과 희망이 샘물처럼 솟고 갖가지 사람들이 하루를 시작한다. 하루하루의 샘물이 흘러서 강물로 모이고 마침내는 생生이라는 광막한 바다를 만나는 것. 허나 강물이 바다 만나는 일만을 목적 삼는다면 직선으로 흘러야 보다 빠른 길일 것이다. 그런데도 강물은 가까운 직선을 두고 더디고 머나먼 여행인데도 어머니의 심하게 굽은 허리처럼 이 굽이 저 굽이를 들러서 드디어 바다에 닿는다. 메마르고 허기진 곳이면 가슴을 열어 젖 물리는 강물은 자애한 어미의 표상에 진 배 없다.
　지구상엔 근심과 걱정을 생이라는 바다에 빠뜨린 채 수많은 사람들의 절망과 암울함이 상존한다. 허나 이들의 절망과 암울도 태양과 어울리면 사시사철 양지가 되고 꽃피는 낙원으로 바뀌고 만다. 그래서 삼라만상의 구석구석을 비추는 태양은 우주공간 어디든 형언할 수 없는 생명의 푸른 엽록소를 채워 넣는다.

　태양은 이날까지 하강과 상승의 반복이었을 뿐 늙지도 줄지도 않았다. 드높은 산봉우리에도 물밑자리 바다에도 태양은 지나갔고 생명 세상의 장면 장면을 불 밝히며 떠올랐다. 인간의 태양체험이란 게 그 지존의 형상 앞에서 손 모아 경탄하는 일이었을 뿐! 변변한 울력 한 번 보태지를 못 했던 것이다. 그런 때문인가, 태양을 가슴으로 품을 수도, 사과 알처럼 매만질 수도, 바닥 쳐 오른 고무공처럼 받아낼 수도 없었다. 그 결과 인간들은 태양을 신화의 윗자리에 모시고 상상 속의 이야기나 그림으로 경배하여 만나곤 하였다.

　그리스인들은 태양의 신 아폴론을 제우스와 레토의 아들이며 명철과 예지가 넘치는 청년 신이라 하였다. 그는 화살 통을 등에 메고 은으로 만든 활을 들었으며 황금 리라를 켜면서 월계수와 백조로 권위를 드높인 멋쟁이였다. 아폴론을 빌지 않아도 태양은 힘과 예능을 한 몸에 지닌 지존의 황홀이다. 그 황홀과 엄숙을 붓 끝으로 빚어낸 한 굽이의 소용돌이가 「태양을 들어 올리는 사람들」이다. 이 작품은 내 신변의 음습

태양을 들어올리는 사람들

2부 _ 계림에서 만난 "山이 이 된 사람들"

홍도

함에 볕들게 하고, 가나안 땅을 살찌게 한 젖과 꿀처럼 세상을 생신生新하게도 달달하게도 하였던 것이다.

　태양은 뿌리에 보낸 양광으로 몸체의 우듬지까지 밀어 올린 꽃들을 열매로 바꾸어간다. 어찌 입으로만 꽃을 피우고 열매를 맺으며 하늘 높은 곳에 걸어둔 태양으로 세상의 생명들을 울울창창 노래한다 하랴. 이 시간, 제우스에게 불을 훔친 프로메테우스처럼 '태양을 들어 올리는 사람들' 또한 대단한 노역에 가담한 최초의 울력꾼들이다. 강건한 팔뚝으로 지구를 받쳐 든 헤라클레이토스처럼 태양을 들어 올리는 저 인간군상들의 근육질에서 환호하는 삼라만상의 약여한 호언지기가 흐른다.

　부풀어 오른 태양의 황홀로 살아있는 자들의 자존감은 이 날 껏 빵빵하다 못해 터질 지경이다. 이 자리에는 내심 노심초사하며 불 켜든 자가 심호흡하고 있다. 시인이다. 어찌 시 몇 편, 그림 몇 점의 미감으로 인간세상의 거대한 언어적 색채적 전율을 태양의 크기로 태양의 높이까지 들어 올린다 하랴! 태양을 들어 올리는 사람들의 노역은 오늘도 코카서스 산정에서 자신들의 운명을 탓하지 않고 돌을 들어 올리는 또 다른 프로메테우스가 아닐까.

'자궁'으로 다가온 '백록담'

　한라산의 머리에는 하늘의 호수 백록담白鹿潭이 올려져 있다. '흰 사슴이 뛰노는 호수', 이 호수에서 사방팔방으로 기암절벽이나 골짜기들을 두르고 사철 옷을 바꿔 입는 한라산의 연출솜씨는 뜨겁고도 요염하다. 사서史書는 고려 목종조인 1002년과 1007년에 한 차례씩 한라산이 불을 뿜었다고 기록하고 있다. 그러면서 79회 이상의 화산 활동으로 원추형의 작은 산들이 곳곳에 '오름'을 만들었고 그 개수만도 360여개에 이른다고 한다.

　한라산 등반이라면 백록담과의 조우가 최종 목적지이다. 그리고 어승생 코스를 포함한 네 곳의 등산로가 저마다 지형에 따른 특징과 개성이 다르게 놓여있다. 이들은 방향과 코스는 달라도 그 모두가 백록담으로 통한다는 사실도 쉽게 감지된다. 그러한 백록담이 나와는 서먹함도 밀쳐둔 채 네 번째의

완전한 子宮 백록담

　상면이 있었다. 그리고 어느 순간 그의 생산력이 자궁의 풍요로 다가온 것.
　백록담은 천하 한량인 나를 홀릴 심산인지 움푹 패인 바가지 형상의 복판에 생명의 체액을 담아둔 채 누워 있었다. 그걸 놓칠세라 2002년에 회화로 펼쳐낸 "자궁에서 왕관까지"라 명명한 「백두대간의 생명미감전」은 백록담이 그 시발점이었다. 나는 그때의 작업에서 우리 인체로 쳐서 '백록담'은 꼬리뼈 부근에서 숨 쉬는 생명의 근원인 '자궁'으로 보았다. 그런 다음 '백두산 천지'는 금빛 찬란한 '왕관'으로 불러들여 형상하였었다. 여인네의 농익은 관능처럼, 생명력이 빵빵한 백

숲과 별무리

_ 자궁에서 왕관까지 _

록담은 담아둔 체액을 풀어 제주 바다를 채우고 그 수량 위에 한반도를 분만하였음이 분명했다. 중국의 진시황이 동남동녀 500으로 '불로초 사절단'을 보낼 만큼 한라산의 영기靈氣는 드넓은 바다 위에 펼친 신비와 감탄의 현장이었다. 그런 때문인지 한라산에는 신선세계보다 더한 환상성이 수초의 허리처럼 조용히 흔들리고 있었다.

찾아간 시각에 백록담은 구름 몇을 몸에 두르고 수목이나 바위, 새소리, 잔바람에 이는 물주름과 안개비까지⋯ 부끄러운 부분만을 살짝 가린 영락없는 여인의 관능으로 누워 있었다. 그리고 이들 모두가 백록담이 우리네 국토의 자궁임을 찬미하는 거대 오케스트라 군단의 연주에 다름 아니라는 것도 확인할 수 있었다. 언덕배기 쪽으로는 사람의 붓질로는 형상조차 어려운 조울증 같은 잔설이 깔려서 백록담의 아름다움은 한결 더했다. 아, 이곳에서 듣는 바람소리는 백록담을 악기처럼 연주하는 대자연의 기찬 생음악이 틀림없었다. 덩실한 한반도를 출산하고도 여전히 젊고 풋풋한 백록담은 관능만점의 여체가 분명했다. 아니, 이 겨울 순백의 추위도 아랑곳 않고 외방의 사내를 뜨겁게 안아 들일 적극적인 자세 또한 감 잡을 수 있었다. 잔설에 묻힌 한라산의 생명력은 사시사철 솟구치는 온천수처럼 백록담이라는 자궁을 열어 이 나라의 정신과 미감을 크나큰 강물처럼 흘려보내는 것이리라.

'자궁'으로 펼쳐낸 여성상징의 '백록담'은 팔도의 헌헌장부 산봉들을 자식처럼 분만한 어미의 태반에 다름 아니다. 그리 보니 백록담은 인간계에 많은 이야기를 생산한 어머니의 인자함마저 읽을 수 있었다. 신장이 1950m이니 과시 휴전선 이남에서는 가장 키가 큰 장형長兄격의 산인데도 정상에 올린 자궁 형상의 둥지는 아일랜드 제주에서 "바다 가운데 子宮 하나 배 띄웠다"(가사시「백두대간 이야기」에서)는 표현을 끌어내기에 이르렀고 사통팔달한 세상을 더욱 자유롭게 더욱 멀리 헤엄치고 싶었다.

한라산은 눈바람 날리는 이 시간에도 눈썹 하나 까딱하지 않는 침묵의 결가부좌다. 머잖아 유토피아 제주는 유채꽃 그들먹한 봄날을 실루엣처럼 펼쳐놓고 구름처럼 몰려든 관광객들의 인사받기에 장히 분주하리라. 자기네의 '올림퍼스'산을 우주의 중심이라 자부한 그리스인들처럼 제주 사람들 또한 솟아오른 한라산을 오래오래 이 나라를 먹여 살릴 복락과 자애의 중심으로 자부하고 또 자부하리라. 이제 한라산은 마땅히 '제주'라는 경개景槪를 넘어 한반도의 꿈과 종교에 이어진 이 나라 국토의 매력을 폐활량 가득 작량한 만년 사직社稷의 상징이며 보루이리라.

저항하라 그러면 새롭다

　인간은 욕망 없이는 앞으로 나아갈 수 없다. 욕망이 없는 것은 그 어디에도 그 무엇에도 다다를 수도 없고 거미줄 같이 얽혀있는 이 지상의 그 어떤 미로도 독파할 수 없다. 사랑하는 일까지도 그 물줄기는 숙명의 핏줄처럼 욕망에 이어져 있다. 욕망의 회로 위에 피돌기 하는 존재가 인간이라는 의미이다. 생명현상 또한 욕망이 조정하고 욕망의 간섭 위에 피돌기 하고 있다. 엄밀한 의미에서 생명을 가진 것치고 욕망에서 분리된 것은 없다. 불교에서 가장 경계하는 세 가지의 폐해는 탐·진·치貪瞋癡 삼독三毒이다. 허나 종교적 원망願望 또한 욕망 없이는 다다를 수 없는 공업功業인지라 탐욕과 원망 또한 창과 방패의 관계는 아닐까? 요컨대 양광처럼 따뜻한 부처님의 자비도 발원이 아니면 다다를 수 없으며 이 발원의 성취가 욕망을 소지해야 가능하다는 것이다. 그러니까 자비와 욕망은 모순을 설명하는 두 개의 사물로 보아 무방할 것이며 비유컨대 '창과 방패'처럼 이 자리에 놓아도 좋을 것 같다.

중국 초나라에 한 장사꾼이 있었다. 그는 저잣거리에 나올 때마다 특이한 물건들을 가지고 나와 큰 목소리로 외치곤 했다. 이날도 그는 '창과 방패'를 놓고 저잣거리가 떠나갈 듯 큰 소리로 외쳐댔다. "왔어요, 왔어. 세상에서 가장 좋은 창과 방패가 왔어요." 그 사람 주위로 아이 어른 할 것 없이 구름 같이 사람들이 모여 들었다. 장사꾼은 특이하게 생긴 날카로운 창을 꺼내들고 계속 외쳐대기를 이 창은 그 모든 방패를 뚫어 버릴 수 있다고 했다. 그러더니 다시 방패 하나를 꺼내들고는 이 방패로 말할 것 같으면 제아무리 날카로운 창이라도 못 막는 게 없다는 것이었다. 구경꾼들은 이쪽도 고개를 끄덕끄덕, 저쪽도 고개를 끄덕끄떡 그러다가 "그럼 그 창과 그 방패가 대결하면 어느 쪽이 이기는 거요?" 말을 잇지 못한 장사꾼은 슬그머니 짐을 챙겨 그 자리를 떠나고 말았다. 장사꾼은 자리를 떴지만 예술이란 세계는 이 같은 모순의 관계가 보다 큰 설득력을 얻는 필요충분한 조건이라 생각한다. 평범하고 상식적인 것들을 어떻게 예술이라 하겠는가.

올리버 색스는 『색맹의 섬』에서 태평양 미크로네시아 군도 중의 편지랩과 폰페이에서 풍토병으로 고생하는 사람들

태양에게 덤비는 수탉들

2부 _ 계림에서 만난 "山이 이 된 사람들"

난바다로 가는 물고기들

의 기록을 담아내고 있다. 색깔구분이 불가능한 색맹들은 밝기의 차이만으로 독특하면서도 경이로운 세계를 체험한다는 것. 둘 다 색맹인 모녀가 천연섬유로 된 깔개를 짜는 모습, 색맹 아이들과 어울린 밤낚시 등 색맹을 극복하고 보완해가는 이들의 여러 노력이 맑고 깨끗한 풍경처럼 기록되어 있다. 저자는 '아내를 모자로 착각한 남자'로 널리 알려진 영국 태생의 정신과 의사. 그는 이미 수많은 신경정신과환자들의 임상 사례를 뛰어난 문장력으로 소개했었다. 그리고 인간의 이면을 탐구한 놀라운 통찰력으로 취약한 시력 뒤에 오히려 증진되는 청력과 기억력, 거기에다 덤으로 색깔의 조화에 대한 감지력까지를 보여주고 있다.

 실재하는 '색명의 섬'은 그 자체로도 흥미가 가득하다. 허나 여기에다 익숙할 대로 익숙한 우리네 삶에 덧씌워진 색채의 관념성을 감별력만으로는 더 이상 눈부시게 판별할 수 없다는 사실을 가르치고 있다. 익숙한 만큼 우리네 일상은 답답하게 닫혀있다. 지루하게 뻗어나간 촉각의 자리마다 권태와 짜증이 홍수 뒤의 범람처럼 넘실대기 때문이다. 실생활에서 사람이 인지하는 색깔은 1만 1,000여 가지. 그런데 하늘을 날아 먹이를 포획하는 매는 그 판별력이 인간의 다섯 배쯤이라 한다. 동공이 길쭉한 고양이는 망막 뒤에 거울 같은 반사막이 있어 어둠속에서도 빛이 나는 특이한 존재다.

  진정 감동과 아름다움은 평범함을 경계하는 일에서부터 시작된다. 그리고 이 같은 일이야말로 낯익은 상식에 저항하는 일이기도 하다. 어찌 똑같은 일의 반복이 지루하지 않겠는가. 종말은 멀거나 가깝거나 상관이 없다. 허나 똑같은 일은 여러 번 존재하며 분명 참기 어려운 지루함과 따분함을 동반한다. 어제와 오늘이 동일할 수 없듯, 그 작은 모래알 또한 똑같은 두 개가 없다거나 그 많은 사람에게 똑같은 지문이 없다는 것은 내가 왜 동일한 두 개의 일상에 절망해야하는지를 이해하게 한다. 어디에 가서 무엇을 하든 세상은 분명코 이전과는 비교할 수 없을 만큼 새로워야 한다. 그리고 이 같은 새로움은 바퀴달린 수레처럼 전진하는데 우리만 팔짱끼고 저녁노을이나 한가롭게 바라보는 것은 아닌지.

  상식에 저항하라, 그러면 새롭다. 형언할 수 없을 만큼 산뜻한 들꽃 한 송이, 굴러다닌 돌맹이 하나에도 생의 숨결과 빛깔은 저마다 다르기 때문. 문제는 무엇을 보고 어떻게 느끼는가이다. 절망에 겁먹지 말고 희망마저 뒤집어 가며 가슴 설레며 달려가는 자, 천길만길 따분함에서 백척간두진일보百尺竿頭進一步로 뛰어내리는 자이다. 눈부신 세상은 뒤집히거나 뛰어내린 자라야 소유할 수 있는 것. 종래의 '법고창신'은 세상의 신천지를 회전시킬 수 없다. 말인즉슨 '모범적인 것들 위에 창조하는 새로움'이라 해석할 수 있겠는데 이 말은 실에 있어서 매우 단정된 의미를 지니고 있을 뿐이다. 그러나 이 자리에서 단언할 수 있는 것은 멈춰있는 차를 가게 하려면 백 명이 밀든 천명이 밀든 차안에서는 움직이지 않는다는 사실이다. 두 사람이 밀어도 차 밖에 나와서 밀어야 비로소 차가 움직인다는 것을 놓치고 있음이다. 그리 보면 '법고창신'을 수레삼아 어떻게 예술이라는 신천지를 찾아갈 수 있겠는가.

세상에 새로움을 이기는 장사는 없다. 새로움은 언제나 낯설기에 찾아가는 사람도 드물거나 만나기가 어렵다. 새로움은 만들기는 어렵지만 만든 다음이야 어찌 조물주가 부럽겠는가. 그런 의미에서 예술가는 세상에 둘도 없는 것을 만드는 최초의 사람이라는 특별한 자부심의 소유자이다. 예술가의 자부심은 '세상의 처음'을 만드는 무한 권력이라 해도 무방할 것이다.

나는 지금 본래적인 것에 새삼 저항하고 있다. 남의 이목을 괘념치 않는, 그 쯤, 그쯤에서 관념화된 형상과 색깔에 대해 '색맹의 눈과 백치의 머리'로 세상의 순수를 새롭게 짐짓는 것이다. 애꾸눈의 마을에 가면 정상인을 장애자라 한다. 나무, 하늘, 강물, 태양, 구름, 돌, 바다… 따위의 지상물은 암

기식 문제처럼 맞춰낼 수 있다. 그러나 이들이 최초의 것으로 몸 바꿀 때까지 길 가며 눈 맞추는 일은 끊임없는 저항에 맞설 때 가능하다. 친숙한 것들이 달려들면 그럴 때마다 떼어내고 저항하면서 변화 없는 현실을 용기백배하여 탈출하는 것. 우리 함께 색맹과 백치가 되어 대륙을 손잡고 건너자는 것이다. 앞에서 보았듯 못 뚫는 방패도 없고 못 막아낼 창도 없는 세계가 이 지상에 진정 존재한다면 우리는 그것이 바로 예술이 설립한 신대륙의 백성으로 눈부시게 살아갈 수가 있겠다. 저항하라 저항하고 또 저항하라. 말짱한 하늘 아래서 느닷없는 천둥번개가 몰아친다 소리소리 지르라. 우리 예술가를 백주대낮에 날궂이 하는 낮도깨비로 본다한들 개의할 일이 무엇인가. 오 하느님!

미감의 중심은 언제나 '사람'이다

　아파트 거실 벽면에 빈 액자를 걸었다. 조금 떨어져서 걸었던 액자를 바라본다. 비어 있는 액자가 블랙홀 같은 견인력으로 요동치고 있다. 그래 저기에다 무엇을 겨냥하고 무엇을 던져 넣을꼬. 지지난 해 태풍으로 삼천리금수강산이 파죽지세로 짓밟혔다. 몇 십 년 묵은 나무가 통째로 넘어지고 생살을 허문 산이 천지사방에 황톳물을 쏟아냈다. 생사를 매장시킨 죽음의 시간들이 홍수를 이루어 흐르고 있다. 물론 시간이 지나면 모든 것들은 본래의 모습을 되찾고 이내 생신生新하리라. 그럴라치면 시간이 묻힌 자리에는 인간만 단연 우뚝 하다. 우주의 기운을 빌고 지혜를 짜서 생존을 궁리하는 인간은 그 자체가 기적에 가깝도록 고마운 것이니까.
　어느 모로 보나 인간은 하잘 것 없다. 뿔이 있나 이빨이 있나 그렇다고 날카로운 발톱이 있나 그러다보니 어디에도 상

길가는 아낙들

대를 제압할만한 힘이 없다. 그럼에도 다른 사물들과 비교하여 인간은 상대에 다가가고 어울리는 테크닉과 터치가 유다르다. 그래서 인간이 하잘 것 없음에도 만물의 영장이 되었다 하는가. 인간은 시간의 흐름을 타고 꽃 피고 새 우는 자리 자리에 노래를 만들고 물감 묻은 붓으로 화판을 채우고 바람보다 부드러운 곡조를 굽이굽이 작곡해 왔다. 인간의 감각이 맞닿아야 침침한 것들이 이내 선연해진 때문이다. 그늘진 한뎃 것들이 신비한 기운을 충전하여 세상에 선을 보이기 때문이다.

비유하여 돌멩이보다 흔하고 티끌보다 미세한 것이 인간이다. 하지만 지상의 생명과 미감을 지어내는 일은 기적처럼 늘 인간의 중심에서 굽이치곤 한다. 그래서 그간 전개해 온 내 자신의 작업은 늘상 인간의 표정과 기질에 맞추어져 있었다. 나무, 새, 구름, 바람, 하늘, 바위, 강물… 하여간 이 보다 더 많은 것들이 내 미감 속에 살아 숨 쉬는 건 이들이 인간 그 자체였기 때문이다. 그리고 그것들은 상생과 조화의 원리로 다시 태어날 수 있었다.

내일도 모레도 나의 호기심은 여전히 사람으로 옮겨가고 사람을 작업하면서 하루가 저물어 가리라. 사람의 실핏줄 구석구석에 퍼져 있는 좀 더 근원적인 식욕과 시야를 회복하리

따뜻한 비상

_ 자궁에서 왕관까지 _

우정의 거리

라. 생명의 기운을 잔 뿌리까지 밀어 올리는 감동들을 찾아 나서리라. 내 엉뚱한 여러 상상들이 사람의 자리에 들어서면서 더욱 신비하고 아름다워지리라. 소멸하는 것들이 생성과 반복을 거듭하여 새로 태어나는 안복을 누리게 하리라. 인간들 속에 인간이 자리할 때 진정 아름다운 것 또한 인간이니 인간 밖에서 그 무엇이 인간을 대신한다 하겠는가. 인간은 어느 때 그 어디든 숭얼숭얼 꽃피어날 지상의 기화요초가 아니던가.

 나는 내 이성의 직관을 통과시켜 꿈을 그리는 사람으로 붓 끝을 세웠다. 아니 내가 직접 인간의 미륵이 되기 위해 수많은 인간과 눈을 맞추고 있다. 그래 생명세상을 장승처럼 버티고 있는 저 굳건한 인간 미륵! 내 생의 이정표에는 몰려나와 손 흔들고 있는 저 많은 사람들을 환호하게 하리라. 인간의 시간에 만난 인간들을 반갑게 손 내밀어 악수하리라. 황량한 들판에서 불 켜들고 기침소리를 내는 존재가 인간이라는 의미로 살아가게 하리라. 삼삼오오 이마를 맞대고 어깨동무를 하고 꼬리에 꼬리를 이어 달리는 기차놀이를 하리라. 저 너른 미감의 바다를 인간과 함께 인간의 모습대로 헤엄쳐 가게 하리라.

3월의 들녘에서

　3월의 들녘은 비어있다. 바람 지나는 소리를 들려줄 뿐 삼라만상은 여전히 한기를 머금은 채다. 풀포기를 보듬은 양지는 유난히도 화사하다. 굵어질 꽃망울도 바다 같은 고요에 취해 있다. 매화 개나리 등속처럼 꽃 잔치를 펼친 성급한 것들도 있긴 하다. 응달쪽으로는 트인 공간을 따라 도랑물 졸졸거리는 소리가 지나가고 동안거 중인 바윗덩이가 희끗거린다.

비워야 그릇이 된다

　바라볼수록 이 계절은 고요가 깊다. 식목일을 지나서도 눈 내린 날이 있었으니 언제쯤 만화방창할 지는 예측하기 어렵다. 계절의 변덕을 두고 미쳐 돌아간다고 투덜대는 사람도 있

早春

_ 자궁에서 왕관까지 _

지. 고요가 물질이라면 이 순간의 고요로 바닥을 치면 튀어 오르는 고무공 같은 공기덩어리일지도 모르지. 이 순간이 깨어날 수 없는 마법의 세계일지라도 오래도록 잠겨서 꿈꾸고 싶다.

주위 사방을 둘러본다. 야산 몇 개가 엎드려 있다. 들녘에 나와 보리밭이나 채전을 들러보는 농부가 세련된 삽화처럼 배치되어 있을 뿐 들녘의 모습은 공수래공수거가 분명하다. 그리고 보니 춘분이 코앞이다. 우수 경칩도 지났다. 멀리 내려온 산그늘은 들녘에 차갑게 내려와 수도승처럼 볕 쬐고 있다. 수목이며 돌멩이며 말라버린 풀포기며…. 이 모든 것들에서 맥박소리도 정지상태다. 머지않아 한없이 우거질 지상인데 이토록 깊은 명상에 잠기다니.

노자老子에 '당무유용當無有用'이란 말이 있다. 흙을 이겨서 그릇을 빚을 때, 그릇 가운데를 비워야 그릇의 모양새가 만들어지고 쓰임새가 생긴다는 말이다. 세속적인 일들은 복잡 미묘한 욕망들의 조합이기 십상인데 '비운다'는 말만큼 울림이 큰 말씀이 있을까. 언제부턴가 정치인들 사이에 이 '비운다.'는 말이 전가의 보검처럼 화두로 등장하곤 했었다.

주변에서 한사코 비워야 된다고 했는지 마음 비우기 위해 산에 간다고도 하고 유유자적 붓 들고 필획을 긋는 모습이 공

아름다운 唯我獨尊

_ 자궁에서 왕관까지 _

개되기도 하고…. 그런 모습들이 멋스럽다면 그리 보인 때도 있었다. 비웠다면서 사진 찍던 사람들은 그러나 진짜로 비운 모습은 보여주지 못했다. 비우는 일의 필요성을 말하고 마음 비우러 산에 오르던 사람들은 하산 뒤에도 진짜 비운 모습을 보여주지 못한 채 비우는 일의 지난함을 말하려 했던 것일까.

필자는 대승적인 것과 소승적인 것의 차이를 비우고 비우지 못한 것으로 나누곤 한다. 군자와 소인배의 구분 또한 여기일지 모른다. 소리 내는 악기를 보라. 하나같이 몸통이 비어 있다. 속을 비우지 않고는 소리를 낼 수 없다는 이치의 가르침이다. 문학도 마찬가지여서 배고프고 궁핍한 자의 언어가 아니면 향기롭지도 감동적이지도 않다.

수탉의 카리스마가 가르치는 것

비우는 일에서 수탉만한 존재가 또 있을까. 수탉은 자신의 무리를 거느린 특별한 카리스마의 소유자다. 짚동가리 같은 곳에 올라 수탉이 홰치고 울면 근동近洞의 삼라만상은 쥐 죽은 듯이 부복한다. 수탉의 행동거지에서 카리스마가 돋보이는 때는 바닥에 뿌려진 모이를 쫄 때다. 암탉과 병아리가 모이를 쪼면 수탉은 위의威儀한 자세로 주변을 살핀다. 그러다가 암탉이 병아리를 데리고 자리를 떠난 다음에야 재빨리 몇 차례의 모이를 쪼는 것으로 일을 끝낸다.

수탉의 이 같은 포즈는 인간 세상에도 시사하는 바가 크다. 사람들은 한 뼘지기 이익에 코 박고 집착한다. 그러면서 자신의 신변 어디에도 빈자리를 남기지 않고 가득 채우려고만 한다. 채우는 것만이 능사라면 어찌 세상을 호령할 수 있을까. 비우지 않고는 카리스마는 물론이고 여하한 설득력도 만들어지지 않는다는 것이 3월의 들녘이 가르친 정신이다.

3월의 들녘에는 물이 끓어오르기 전의 고요가 보인다. 3월은 또한 먹이 앞에 웅크린 맹수의 일촉즉발이 느껴진다. 필자의 가슴에 물결쳐온 3월은 비어있는 들녘이라야 활시위에 채워진 팽팽한 힘이 공중을 향하여 날아오른다는 사실을 배우게 한다. 스프링도 밑바닥까지 눌러야 천정 닿는 힘이 솟는 것처럼 지금의 우리는 비움 뒤에 밀물져올 들녘의 울창함을 예감하고 있다.

라퐁텐의 우화에 3월의 어느 날 쯤으로 보이는 이런 이야기가 있다. 양지쪽으로 짤짤거리며 물이 흐르는 계곡에서 새끼 사슴이 자박자박 물놀이를 하고 있었다. 이때 새끼사슴 앞에 이리가 나타나서는 "오냐, 네 놈이었구나. 작년 이맘때도 물을 구정 거려 마시지를 못했는데 이번에도 또 네놈이야!" 하며 덤벼들었다. 그러자 새끼사슴은 항변한다. "작년 이맘때면 나는 이 세상에 태어나지도 않았어요." 이리는 다시금 말한다. "네놈이 아니면 네놈 아비나 형이라도 그랬겠지." 억지 이유를 들이대며 이리는 끝내 새끼사슴을 잡아먹어버린다.

　목적을 이루기 위해 수단방법을 가리지 않는 힘 가진 자의 자기 합리화를 가르친 우화이다. 새삼스럽게도 강자는 언제나 탐욕적이다. 강자는 자기 합리화에 기대어 탐욕을 성취해 간다. 그게 자연이 가르친 약육강식이라는 생존 질서의 간접 화법이다. 힘이 약한 새끼사슴은 이리가 쳐놓은 자기합리화 내지는 자기정당화의 그물을 벗어날 수가 없다.

꽃샘추위도 안아주는 3월

　성경에는 탐욕은 사망을 낳는다고 가르친다. 가슴과 머리는 물론이고 온몸을 욕심덩어리로 채워버리면 생명이 어찌 싹을 틔워 울울창창하겠는가. 크든 작든 아름다운 것은 사심私心을 버릴 때이다. 3월의 들녘은 사심을 버린 자의 바다 같은 마음이 읽힌다. 혹한을 건너는 슬기로움이 있어 비우는 일이 가능하겠지만 그 지혜는 시련을 넘어 절정을 만들 것이다.

경칩을 넘긴 3월의 들녘은 스프링 같은 여백으로 웅크리고 있다. 허나 여백 뒤에는 채움이라는 보다 큰 믿음이 있기에 바람소리나 꽃샘추위의 칭얼거림마저 너그러이 관용할 수 있다. 빈 들녘을 만들어 풍성함을 가르치고 예비하는 3월은 그래서 그 자체로 감동에 다름 아니다. 아니, 기다림을 인내하며 우듬지에 새순을 올리고 뒤 미쳐 어우러질 꽃과 열매를 준비하는 대자연의 부산함이 새삼 클로즈업 된다.

다시금 독도를 생각한다
-시 읽는 칼럼

  독도에 가서, 연인처럼 마중 나온 빨간 옷차림의 '독도우체통'과 해후했다. 그런 이후 며칠을 고민하다가 동일 제목으로 작품 한 편을 다듬었다.

    1
  코흘리개 어린 시절, 침 발라 우표 붙여서 우체통에 넣어만 주면 팔도사방 어디든 착착 배달된다고 배웠지요 그래서 어른들은 울고 보채는 땡깡쟁이나 산통 깨는 심술쟁이는 우표만 붙이면 어디든 보내버릴 수 있다고 놀리곤 했었지요 독도에 가서 빨간 옷 차려입고 선걸음에 마중 나온 우체통을 보면서 핑 눈물이 돌대요 세상에 여기가 어디라고 편지 부친 사람에다 꺼내다가 배달하는 사람까지…. 그때 문득 파도치는 소리 바닷바람 감아 도는 바위들의 노래, 괭이갈매기의 똥, 슴새의 말똥거리는 눈빛… 그것들 말고도 독도꺼라고 이름만 붙여주면 향내 안 나는 것 있겠어요 편지봉투 이마에다 우표붙이고

저 빨간 입술 안쪽에다 넣어만 주면 배달 못할 데가 없단 말이지요

　　2

　처음 볼 때는 산지기 거문고처럼 낯설기만 하던 우체통이 소낙비 폭설 따위는 눈썹 하나 까딱 않고 이 나라 삼천리나 오대양 6대주는 물론이고 하다못해 섬놈들의 콧구멍이나 배꼽까지도 착착 배달시켰다지요 동해바다가 섬놈들 넘어 다니며 도둑질 하라고 생긴 바다랑가요 독도가 제깟 놈들 노적가리 쌓으라는 앞마당인 가요 밀어붙인 이마빡으로 저리 뻔뻔스럽게 깐죽거리는 섬놈들을 볼라치면 입도 뻥긋 못하게 속달우표를 탁! 붙여서 저 먼 화성으로나 보내버려야지 속이 다 터지네요 지금까지 지은 죄도 모자라서 게다짝 딸각거리며 굽실굽실 하이하이 고랏고랏 도스케키 도마렛… 죄 지을 궁리만 일삼는 저 심보 고약한 족속들을 화성이라고 맘 좋게 받아줄까요!!

　　　　　　　　　　　　　　　　　　－「독도우체통·1」

　"…신라 지증왕은 13년512년에 아슬라주지금의 강릉 군주로 있던 이찬 이사부로 하여금 우산국을 정복케 하였다. 이사부의 군사들은 우산국 사람들의 위세를 목우사자木偶獅子를 이용하여 제압함으로써 결국 우산국으로부터 항복을 받아내기에 이르렀다."

　김부식의 『삼국사기』「신라본기」에 담긴 독도와 우산도에 대한 기록이다. 이후『세종실록지리지』,『신동국여지승람』,

대한민국 獨島

『만기요람군정편』,『증보문헌비고』 등 다수의 문헌에도 울릉도와 독도 우산도가 우산국의 일부로 우리 땅이 된 역사를 명확히 기술하고 있다. 여기에다 일본이 최초로 인지한 독도(일본의 당시 호칭은 '송도')는 1667년에 발간한『은주시현합기』에도 울릉도와 합하여 고려의 영토라 적고 있다. 1696년 1월에는 일본의 에도막부가 죽도竹島가 울릉도인 것을 알고 죽도도해금지령을 내린 바 있다. 다음해 2월에는 에도막부가 안용복安龍福 장군의 활약으로 동래부사 이세재에게 서계를 보내 일본인의 울릉도 출어금지명령을 공식적으로 확인한다.

이사부의 우산국 정벌은 사실史實 중의 사실事實

1785년에는 일본 최고의 실학자인 하야시 시헤이가『삼국통람도설』에다 울릉도와 독도의 위치는 물론 울릉도와 독도가 표시된 바로 옆에 "조선의 소유"라는 주석까지 달고 있다. 독도를 포함하여, 이들의 천인공노한 침략의 역사는 어제 오늘이 아닌 데도 단지 이웃하고 있다는 이유만으로 우리는 일본과의 지리지형적인 악연惡緣을 고스란히 감내하고 있다. 하기야 우리가 주인이기만 하면 되는 터에 응대할 것까지야 없

고래가 있어 비로소 바다다

2부 _ 계림에서 만난 "山이 이 된 사람들"

독도를 노저어가다

_ 자궁에서 왕관까지 _

겠지만.

"역사는 반복 된다."는 진부한 명제가 아니더라도 일본은 위험한 불놀이를 이어가고 있다. 지금이 어느 시대인데 침략의 역사를 정당화하면서 교과서를 왜곡하여 후세를 교육하고, 주야로 군국주의의 부활에 광분하고, 신사참배 등의 우익적 만행을 서슴지 않는가. 근자에 들어 일본은 더더욱 저들의 수단 방법을 가리지 않고 독도에의 집착과 과거사의 미화 내지는 정당화에 광분하고 있다. 이에 더하여 악마의 발톱을 드러내며 미래의 2세 교육까지 반성없는 행진을 이어가고 있다.

상대하여 우리의 현실은 어떤가. 무관심과 수수방관이 지나쳐 울화통이 터질 지경이다. 근자에 들어 초등학생에서 대통령까지 역사교육의 중요성을 인식해 가는 모습은 그나마 다행이다. 허지만 '이제 제대로 하는구나.'라는 미더운 마음은 요원하기만 하다. 정기교육과정에서는 "조선의 수군으로 독도와 울릉도를 지켜낸 바다의 사자" 안용복 장군의 이름마저도 가르치지 않는 우리네가 아닌가.

『일리아드』와 『오딧세이』에 기록된 그리스의 '트로이 목마 이야기'는 너, 나를 떠나서 박식하다. 허지만 1500여 년 전 우리의 『삼국사기』에 담긴 이사부전의 〈목우사자〉 이야기는 낯설다 못해 무지하다. 이 같은 역사는 스토리텔링에도 더없이 긴요하고 그 많은 작가들에게 이리 매력적인 주제도 없겠건만 어디에서 무엇들을 하시는지.

 길들여지지 않아 사납고 거친 우산도 사람들을 제압하려고 태종이사부은 나무로 허수아비 사자를 만들었다. 그리고는 그것들을 전함에 싣고 우산도 사람들을 향해 항복하지 않으면 맹수들을 풀어 놓겠다고 하늘 닿게 으름장을 놓았다. 실물처럼 제작한 나무 사자들을 진짜 맹수로 착각한 우산도 사람들은 두려움에 떨며 항복하기에 이르렀다. 한국식 트로이 목마로서 손색이 없다. 이사부 태종의 지혜로운 전술로 울릉도와 독도를 우리의 영토로 만들게 되었다.

 이사부의 우산국 정벌은 신화적인 느낌이 다분하지만 우리의 엄연한 역사이고 사실史實 중의 사실事實이다. "더하기, 빼기, 곱하기, 나누기를 차례로 하는 것은 나누기가 가장 어렵기 때문이지요." 어느 회사의 광고 카피문안이다. 독도여행을 통한 더하기에서 나누기까지의 과정에는 여러 단계의 교훈을 차례대로 얻을 수 있다. 이는 우리의 역사와 문화, 국토를 바로 세우고 지키자는 중층적 의미를 갖는다.

서류봉투 하나만으로 회담장에 나간 우리 대표

　다시금 지도를 본다. 우리 최동단最東端인 독도에 대한 일본의 허욕은 이제는 진정되어야 한다. 한일합방으로 우리를 집어삼킨 야만적인 침략성을 지금 와서도 반성은커녕 한 치도 버리지 않았음을 드러낸 확고부동한 증거다. 우리가 어린애 떼쓰듯 우기다보면 언젠가는 자기네 땅이 되는 줄 아는 파렴치한들을 어르고 달래듯이 지켜보는 이유는 무엇인가? 파렴치에다 안하무인일 뿐인 저들 일본의 집착을 언제까지 팔짱 끼고 방관만 할 것인가? 부끄러운 줄도, 사과할 줄도 모르고 오히려 거짓을 진실이라 호도하여 후세까지 교육하는 저들은 여전히 전범戰犯의 족속일 수밖에 없다.
　주인은 항용 침착하면서도 강단이 있어야 한다. 주변을 맴돌면서 주인을 정신 들게 하는 도깨비 같은 저들의 억지행태를 보면서 "호랑이한테 물려가도 정신만 차리면 된다."는 우리네 속담을 상기할 필요가 있다. 이왕지사 저들의 파렴치에 맞서려면 더더욱 의연하고 강고해지는 길 밖에는 없겠다는 생각이다.
　벌써 몇 년이 지났지만, 나에게도 독도 방문의 기회가 있었다. 국토해양부가 후원하는 행사이고 행사에 참여한 일행들이 문화계의 인사들이었다. 그래 기회이겠다 싶어 독도를 향한 국민감정을 한 편의 시로 썼었다. 그리고는 의식행사 때 낭송순서까지 준비했는데 주관부처인 해양수산부에서 낭송 불가朗誦不可를 통보해 왔다.

그쪽 예산으로 가는 여행이니 지시사항을 어길 경우 좋을 게 없겠다며 더 이상 밀어붙이지를 못한 굴욕적인(?) 여행에 만족해야했다. 그때 주관부처의 이유인즉 "괜히 긁어 부스럼"을 자초할 필요가 있냐는 것이었다. 그렇잖아도 독도 문제만 나오면 주먹 쥐고 분노하는 일은 국민들의 몫이고 세금으로 월급 받고 태평성대를 사는 외교통상부나 해양수산부는 무슨 말 못할 사정에 밀리는지 늘상 뒷전이고 딴전이다. 말 못할 이유가 있을까 싶어 그간의 기록들을 들췄더니 그 모두를 살필 수 없을 만큼 분량이 많았다. 다만 기록의 흐름을 보면 일본은 꾸준히 증거들을 준비해왔다면 우리는 즉흥적인 감정대응으로 일관하고 있었다.

DJP정권 초기의 일이다. 한일 양국이 테이블에 나와 '어업협정'을 가를 때 대통령의 직접 지시를 받아가며 참여한 우리 대표단장 김선길 해수부장관의 행태는 창피함과 민망함이 지금껏 스물 거린다. 일본 대표단은 여러 개의 보따리를 놓고 회담에 임하는데 우리 대표는 회담의 성공은 장담하면서도

태양에게로 가는 길

2부 _ 계림에서 만난 "山이 이 된 사람들"

달랑 서류봉투 하나만으로 상대와 마주 앉았다. 보기 좋은 실패였다. 그 결과 국민적 공분이 불길처럼 커지니까 장관이란 자가 일본의 대장상大藏相이 자신과는 와세다대학 동문관계라며 만나서 결과를 바꾸겠다고 부랴부랴 비행기를 타고 일본에 갔었다.

국제적인 중대사마저 어린애보다 못한, 대처로 일관했으니 결과를 더 물어서 무얼 하겠는가? 달라질 수 없는 결과 앞에 장관만 경질됐다. 후임에 들어선 정상천 장관 또한 9시 뉴스에서 일본협정은 실패했지만 중국과의 협상은 자신 있느냐는 질문에 "자신은 평소 생선회를 좋아하므로 자신 있다."며 회담성공을 장담했다. 허나 결과는 일본 때와 빼박은 서글픈 참패였다. 한마디로 국민세금으로 오만가지 특권은 독식하는 자들이 국제무대에서는 농판 노릇이나 하고 다닌 것 외에 달리 한 일이 무엇인가.

"빚진 공기업 30곳, 429조 3200억원"

시간이 지났지만 KBS1-TV에서 『징비록』이 방송되었었다. 나라가 어려우니 지혜를 찾아가자는 의도의 방송이었다. 허지만 그 속에 어우러진 인물이나 상황도 지금의 우리와 쌍둥이처럼 다르지 않았다. 그나마 천행인 것은 이순신 같은 영웅의 출현이 가슴 쓸어내릴 만큼 다행스런 일이었다. 임금 주변의 벼슬아치마저 나라를 책임지는 모습은 찾아보기 어렵고 미증유의 환란에도 사익만에 날밤 새우는 당쟁이라니. 극을 보는 내내 채이고 쓸려나가고 죽어 넘어지는 백성들 땜에 가슴이 아리고 먹먹했다. 이 시점에서 나라 돌아가는 모양새 앞에 이 나라에 주인이 있기는 하며 있다면 어느 누가 주인인지를 묻고 싶었다.

슬프고 괴롭지만 오래 전에 우리는 주인 없는 나라가 되고 말았다. 국민상대는 면피용이고 이순신처럼 몸 바쳐 구국하는 사람은 어디에도 보이지 않는 현실이 불볕더위처럼 이어지고 있다. 날만 새면 상대를 헐뜯고 넘어뜨릴까만을 궁리하면서 권력 되찾을 집착에 광분하는 행태들이라니. 이쯤이면 항상 나만 "까치 뱃바닥"이고 내 밥상에 반찬 한 가지라도 더 올릴까만을 골몰하는 판국이다.

신문에서 지지난 해 기준으로 "빚진 공기업 30곳, 429조 3,200여억 원"이라는 보도를 접하면서 벌어진 입을 다물 수가 없었다. 문제는 그 다음이었다. 이중 18조 5,000억의 부채를 지고 지난해만도 1조 6,000억 원의 순손실을 기록한 "한

국석유공사"가 사장은 3,900만원, 직원들은 1,700만 원씩의 성과급을 가져가는 돈잔치로 흥청거렸다고 한다. 경우는 한국전력공사도 마찬가지여서 공기업 중 두 번째로 빚이 많아도 사장과 직원이 각각 5,200만원과 1,500만원씩을 받아갔다는 것이다. 이런 상황에서 전국 공기업이 직원 1인당 평균 1,400만 원, 기관장은 8,470만원씩을 연봉 이외의 성과급으로 받아가는 무법천지인데도 나무라는 사람도, 책임지는 사람도 찾아볼 수가 없다.

몇 해 전 LH한국토지공사가 부담하는 하루 이자가 100억 원이라고 해서 이러고도 이 나라가 온전할 수 있을까를 자문自問한 적이 있다. 그런데 이 정도는 빚 많은 공기업 명단에는 축에도 못 끼는 모양이다. 공기업은 "하늘이 내린 직장"이란 말이 스미듯이 실감되는 순간이었다. 나라 지켜야 할 자리에는 등신노릇에다 이리 밀리고 저리 밀리던 자들이 나라 곳간 퍼내는 데는 선착순으로 덤비는 판국이라면 이러고도 이 나라가 거덜 나지 않는 게 기적이라 해도 누구 하나 쳐다보는 사람도 없다. 누구를 탓하고 누구를 나무랄 것인가. 얼마 전 파산직전의 그리스를 보면서 다음 타자가 꼭 한국일 것만 같아 못내 불안했던 것이 사실이다. 혁명 차원의 개혁이란 말은 이런 때를 두고 하는 말이 아닌지 모르겠다.

한이 없지만 한 곳만 더 짚어보자. 300명의 국회의원들이 200가지가 넘는 특혜를 독차지하면서도 소화불량 따위에는 무탈하기만 하다. 이들은 입으로는 노상 국민밖에 없다. 국민이 주인이라면서 별의별 너스레를 떠는 그 "특별한 분들"의 밥그릇 챙기기는 우선 여야가 하나 되어 은밀한 단합(?)의 역사를 지켜가고 있다. 국민들만 청맹과니에다 이리 많은 혜택 앞에 무려 300명이 우글거리는 데도 그 숫자를 400명으로 늘리자는 얼빠진 정당이 있어 더더욱 난감하다. 말이 나왔으니까 한마디만 더 보태자. 우리의 형편에 국회의원 숫자는 더도 덜도 아닌 지금의 십분의 일인 30명이면 딱 좋겠다는 생각이다. 그런 판에 최소 100여명은 더 늘려야 한다니 이러고도 이들이 국민을 위한 정치인이고 자칭 "걸어 다니는 헌법기관"이란 말인가.

독도 가지고 딴 짓하면 누구든 '이완용'

청년은 구직에 지쳐서 자진실업자가 되고 자진실업자는 실업률에도 반영되지 않는다는 나라에서 장사가 잘 되기를 하는가 일당 근로자의 공사판이 반반하기를 한가. 그 많은 잘못

들이 엄존하는데도 '고요한 아침의 나라'는 하루하루를 용하게도 잘들 넘기고 있다.

정신 차린 공기업도 없고 국회의 잘못 또한 바로잡을 데도 없다. 그들을 단속하고 감독할 기관이 이 나라 어디에도 정녕 없다는 말이다. 물먹는 하마처럼, 아니 닥치는 대로 먹어치운 고려시대의 불가사리처럼 이리 먹어치우는 입들만 무성해도 안 된다고 막아서는 사람이 없다면 이 나라에서 주인인가 아닌가를 무엇으로 가릴 것인가.

독도를 두고 만감이 스쳐 간다. 일본의 심기가 불편할까봐 국회는 1999년 1월 8일 자로 정광태의 〈독도는 우리 땅〉을 방송금지곡으로 묶어버리면서 한일어업협정을 토의도 없는 날치기로 통과시키고 같은 달 22일에 발효되었다. 속전속결의 의결이고 공포公布였다. 이때에 새로 그은 "배타적 경제수역"(EEZ) 때문에 독도가 한일공동관리 수역에 편입되고 '우리 땅'이라는 근거가 사라지게 되었다고 한다. 기가 막힐 일은 여기에서 그치지 않는다. 이로 인해 3천 척의 쌍끌이어선이 현장에서 일자리를 잃었고 선박 및 어구류 제조업체들이 날벼락을 맞고 말았다. 정부는 부당하다며 대성통곡을 하는 어민들에게 어선 모두를 북한에 줘버리겠다고 으름장을 놓았다는 것이다. 국민의 편에서 독도를 지키고 국민을 살릴 마음

그리운 독도를 그리다

이 있는 자들인지를 되묻고 싶다. 그들은 국민을 상대할 때는 "독도는 우리 땅"을 조왕경 외우듯 하면서 뒷전으로는 딴 짓 하며 어물쩍 넘어갔음은 DJP정권을 위시하여 어느 정부도 예외가 없었다. 어물전 지키는 고양이들 말고도 또 다른 뒷거래는 없었는지 국민들만 답답하고 막막하다.

다른 사람도 같겠지만 대통령쯤 되면 훗날의 역사를 두려워해야 한다. 또 다른 '이완용'이 아니라면 어찌 독도문제를 국민 몰래 뒷거래하는가? 우리 같은 소시민의 생각이 이럴진대 안용복 장군 같은 분은 지하에서 얼마나 대성통곡하실까. 후손된 자로써 부끄럽고 민망하고 미안할 뿐이다.

　일본이야 근성부터가 바르지 못한 나라이니 그렇다 쳐도 우리의 엄연한 국토를 국민 몰래 뒷거래하는 자는 어느 누구든 나라 팔아먹는 '이완용'이가 분명하다. 나라는 망하든 말든 '성과금'잔치나 즐기며 온갖 특혜를 누리는 공직자들도 '이완용'이기는 마찬가지다. 나라를 병들게 하고 좀 먹는 자는 그 누구든 역사 앞에 '이완용'이 될 각오부터 해야 한다.

　저들 일본은 선한 일에는 한 번도 협조한 적이 없었던 흉악무도한 장본인들이다. 이 많은 세월에 그 많은 범죄를 자행하던 지난 역사를 이제는 반성하고 달라질 법도 하건만 지금도 발톱을 드러내며 분쟁수위水位만을 높여가는 저들은 노략질과 분탕질을 일삼은 상종 못할 도적패 이상도 이하도 아닌 것이다.

　독도를 지켜내려면 결론은 하나이다. 너나없이 온국민이 하나같이 "이순신 정신"으로 무장하는 일이다. 국민들 모두가 '이순신'이 되는 것이다. 그리되면 일본은 독도 훔치는 것은 고사하고 우리 연안에 범접하는 일마저 두려워할 것이다. 독도의 가장 우뚝한 곳에다 일본에서도 이순신 장군의 동상이 관측될 만큼　대형으로 세우고 독도의 전면에 거북선 모양의 전함戰艦을 배치하는 일이 무엇보다 시급하다. 이순신 DNA에 취약한 쪽발이들은 이순신 동상과 거북선만 보고도 "아, 여기는 대한민국의 영토였구나." "우리가 언감생심 넘어다 볼 땅이 아니구나." 지레 질겁을 하면서 다시는 시비 걸 엄두를 못 낼 것이다. 이쯤 되면 분명 최우선적으로 서둘러야 할 화급지사火急之事가 이순신 사업이 아니겠는가.

독도에 이순신의 동상 서둘러야

다시금 말하지만 독도는 우리 국토의 아픈 살점이고 아픈 손가락이다. 대한민국의 피가 통하는 신경조직의 일부인 것이다. 남북 분단만도 주체할 수 없는 슬픔인데 눈 뻔히 뜨고 독도마저 도둑맞는다면? 이순신의 자손으로서 어찌 이 땅에서 숨 쉬고 살아갈 수 있을까? 독도는 동쪽 바다를 여닫는 우리 국토의 막내둥이 관문이다. 얼마나 못 났으면 이리 엄연한 제 나라 땅을 두고 '분쟁'이라는 이름으로 팔짱끼고 방관들이나 하는가?「독도 우체통·1」은 그래서 쓰여졌고 여러 자리에서 읽히고 있다.

아, 부끄럽고 부끄럽고 부끄럽도다.

허공을 상床차리다

  허공과 사귀기 60년, 그간에 경영한 나의 예술과의 연치이다. 나는 집요하면서도 순발력 있는 허공의 뛰어난 기질을 나의 희미한 시력으로 읽어내고 있다. 허공의 기질은 무한하고 발랄하다. 허공 땜에 달뜬 나의 시야 또한 다대하므로 앞세운 호기심이 광각화 될 수밖에 없다. 나의 상상력보다 엄청 큰 '허공'이라는 주머니를 상대한 때문이다.

  갖가지 부품들로 구색을 맞추자면 허공의 자리 자리에 화가든 시인이든 '반찬 한 가지'처럼 '새로움'이라는 이름의 세상을 마음 가는 대로 때 맞춰 노래하고 색칠하고…상 차리는 일이 우리가 말하는 예술로 접어드는 일일 것이다. 소위 작업한다는 사람들의 그 요술 같은 손끝이나 머리라 하여 특별하기만 하다든가. 그들의 교묘한 여러 작업들로 나는 늘상 원초적이다. 그리고 그 원초성이 나로 하여금 세상의 새로움과 특

숲과 태양

2부 _ 계림에서 만난 "山이 이 된 사람들"

이함을 발바닥이 닳도록 뛰어다니게 한다.
 허공은 덩어리, 덩어리 비눗방울을 날리기도 하고, 나무처럼 흔들리기도 하고, 바위처럼 버텨주기도 한다. 그러면서 해와 달 사이사이에 새무리처럼 날아다니게도 하고 풀섶이나 물가에까지 끌고나와 물마시거나 보금자리 짓고 자신만의 기기묘묘한 불을 밝혀서 꿈을 꾸고 춤추고 노래하게 한다.
 이 세상의 모든 재미들을 가득 장진하여 여름 하늘의 뭉게구름처럼 주유천하다보면 허공을 소유한 예술세상이 바로 이런 거였나 싶게 꼬리 꼬리 흔들면서 날아다닌다. 나는 휘파람을 불며 내가 함께한 이 허공의 순간순간을 하나하나 꺼내다가 화판 위에 처억 척 올리곤 한다. 올리고 바라보면 신기하기도 하고 옹골지기도 하다. 허공에 날아오른 수많은 사연들이 뭉게구름처럼 떠가다가 물결처럼 굼실굼실 내 눈빛을 향하여 돌아오곤 한다. 허공은 그 앙증맞은 풀꽃 하나에도 태연히 숨어들고 갖가지 모양새로 변장술을 보이지만 하늘 전체를 도화지삼아 오만 가지 재주부림에 끼어들기도 한다. 이럴 때면 내 스스로도 허공의 어느 부분을 접었다 폈다 구겨버리다 찢어버리다를 거듭하면서 나는 내가 대단한 사람이라도 되는 양 끝없이 설레며 들뜨기도 한다. 그래 허공의 그 셀 수 없이 많은 품목들 중에는 물결치는 대양의 한자리에 어족魚族

하늘과 면벽하다

약동

146

_ 자궁에서 왕관까지 _

이 되어 산란의 장소를 찾아 무한 헤엄치기도 하고 오랜 관성으로 해도 달도 간격 맞춰 천지사방에 꽃을 피우고 열매들을 익히곤 한다.

그 볼만한 상상력들을 꽃씨처럼 받아내기 위해 나는 호기심의 복근운동을 계속해 간다. 어디까지 번져갈까, 번져서 무엇이 될까를 요량하며 다이아몬드처럼 세공하는 세월의 솜씨 앞에 춤사위 같은 열정들을 멀리멀리 풀어내어 바람을 느끼고 별무리를 바라본다. 그리고는 태양 주위에 모여든 새무리나 물고기, 저 오만하게 덤벼든 수탉들, 눈을 들어 천개의 달을 띄운 강물 위에 꼬리를 살짝 들이 솜털처럼 하늘거리는 구름 따라 멀리 멀리 떠갈 궁리를 한다.

나는 이 시간에도 칠 년 대한大旱 같은 미감의 갈증에 바삭거릴 지경이다. 허공 빈자리를 이내 '허기'로 다가가서 소리소문도 없이 채워가거나 사물들과 눈빛을 맞추는 순간부터 그것들 하나하나를 사무치게 끌어안는다. 따뜻한 둥지를 짓고 등불을 내다걸듯 미감들을 하나하나 밝혀나간다. 허기진 사람에게 허공의 구석구석을 배부르다는 말이 들리도록 밥 먹여주고 싶다. 미감의 덩어리 덩어리를 수제비처럼 떼어내어 해역 멀리 떠가고 싶다.

허공은 무언가를 자꾸만 끄집어내곤 한다. 웅숭깊고 오묘한 만다라화를 내 상상의 공간에 꽃피우고 있다. 자꾸 누군가의 몸과 마음을 복사하기 위해 갖가지 미감들을 맛맛으로 배설한다. 이 과정에서 허공의 몸은 절로 눈부시고 절로 광활하다. 아니 미세한, 아니 거대한 허공의 천부적 기획력은 대자연의 자동기술법처럼 무한 풀려서 봄도 되고 여름도 되고 가을과 겨울도 되는, 작은 톱니들이 바퀴에 맞물려 춤을 추듯 돌아간다.

허공은 위대하다. 허공은 심폐용량이 무한한 시간과 공간을 끝없이 호흡하고 강물 같은 길을 간다. 한 치의 오작동도 없이 크기와 때를 맞춰 흐름을 잇고 어디론가 그들만의 세상을 풀어내면서 간다. 대소大小를, 경중輕重을, 광협廣狹을, 장단長短을 눈금 재듯 상 차리는 저들 허공의 침착하고도 집요한 눈썰미와 세공이라니! 나는 철부지하게도 이날 평생 그런 허공을 부럽다 못해 황홀한 눈으로 지켜보기만 했었다. 이제는 그런 허공과 오래오래 손잡고 싶다. 나 또한 허공이 차려낸 상차림의 한 품목이고 싶어 내 양껏 표정 짓고 서성인다. 그러다가 문득 허공이 손잡아 끄는 대로 상 차리느라 눈도 손도 바빠지고 만다. 상 차려낼 품목은 많고 차려낼 시간은 짧은 까닭이다. 옮겨와서 물에 씻고 손질을 하고 그 허공 곁에 무한 쟁여지는 나의 예술이란 이름의 수작업은 하잘 것 없다손

해돋이에 모이다

바깥 세상이 궁금한 바위들

_ 자궁에서 왕관까지 _

2부 _ 계림에서 만난 "山이 이 된 사람들"

쳐도 운명의 한 부분처럼 상차림을 계속해 가리라.

　허공의 상床차림은 무한하다. 끼어든 나의 미감이 어느 만큼의 식욕을 채우는지는 고픈 배를 만지면서 헤아린 다음에야 알아차리겠고 주머니에 손을 넣어 품목들을 하나하나 상차리는 허공의 일상과 재주부림에 나 또한 한 사람의 조력자이고 싶다. 나는 '생각'을 크게 믿는 존재이기에 허공이 나의 생각만큼 넓고 크고 무한하다는 사실 앞에 철저히 동의한다. 생각이 배고프면 그 허기 또한 간절하여 나의 예술작업은 고픈 배를 채워가듯 계속될 것이다. 시지프스의 노역처럼 허기진 미감을 사물의 꼭짓점 위에 올려놓고 상하사방을 규시하는 레이더처럼 허공을 구석구석 투시하며 정찰과 검색을 거쳐 그것들 하나하나를 색칠하고 노래할 것이다.

3부

그리하여 인간의 다음 밥상은?

천지의 한쪽 얼굴

그리하여 인간의 다음 밥상은?

「홍길동전」에는 팔도의 홍길동을 한 명씩 잡아들여 여덟 길동을 놓고 진·가를 가리는 친국親鞫이 열린다. 구경꾼들은 인산인해이고 별의별 취조를 해도 '진짜 길동'은 가려지지 않는다. 임금은 마지막 방법으로 길동의 아버지 홍판서를 부르고 자식의 감별에 협조하게 하건만 그마저 실패에 그친다. 왕은 진노하고 길동의 부친은 대략난감인데 그러는 사이 진짜 길동은 온데 간 데 없고 댕그러니 초인草人 일곱만 남아버린다.

그로부터 600년이 지나 영국에서 양羊을 복제한 일로 세상 사람들의 이목을 모으더니 인간과 가장 가깝다는 원숭이 복제를 사진으로 공개하면서 인간복제는 은연중 시간문제임을 암시하고 있다. 말이 나왔기 망정이지 인간의 복제과학이 양이나 원숭이를 통과했다면 인간인들 그대로 놔둘 리 있겠는

어린 소나무 젖먹이기

3부 _ 그리하여 인간의 다음 밥상은?

가. 이 단계에서 인간복제는 그냥 눌러둔 채 시점만을 살피는 것인지, "완성 끝!" 선언이 초읽기에 들어간 비밀사항인지가 궁금하다. 더 솔직한 심정은 어느 밀실에선가는 복제인간을 놓고 대박의 공개시점만을 재고 있을 것만 같다. 과학이 인간을 복제하는 일은 기술로만 보면 별다른 문제가 아닐지 모른다. 호기심이 동하면 언제든 자신 닮은 복제품 하나쯤 만들어서 이런저런 자리에도 내보내고 쌍둥이처럼 이마 맞대고 재미난 여러 일들을 더불어 나누는 것도 나쁘지는 않을 것이다.

홍길동전에 나오는 여덟 길동처럼 필요한 자리에만 투입하면 성공한 인간복제는 마땅한 여러 문제의 해결에 유용할지 모른다. 그러나 홍길동 이야기에서도 예의 그 혼란은 여전하다. '왼쪽 다리의 일곱 점'이 있어야 진짜라고 하니 여덟 길동이가 다리를 걷고 일곱 점을 자랑하는가 하면 아버지가 기절하자 여덟 길동이 다투어 환약 두 알씩을 먹여 회생시킨다는 등의 이야기로 이어지면서 진짜 길동의 식별은 일거에 증발해 버린다. 이는 이야기 자체로만 보면 '은하철도 999'같은, 천재적 상상력의 소산이겠으나 그간의 복제이야기는 공상도 꿈도 아닌, 현실이란 점에서 잠 오지 않는 대목이 있다.

복제의 문제를 연구한 어느 학자는 판도라 상자는 이미 열렸으며 한 번 열린 상자의 뚜껑은 닫히지 않으리라고 하였다.

그러면서 이왕 받아놓은 밥상을, 생명세상의 지평이 새롭게 열릴 때까지 철저한 감시와 노력으로 인간에게 유익한 사업이 되게 하자고 하였다.

그러나 쓸 만한 일에도 걱정과 염려는 동반하는 법이고 여러 까탈이 붙는 것은 그 버리지 못한 인간들의 탐욕 때문이다. 대개의 경우 사람들은 자신의 분수나 처지만으로 살아가면 그뿐이라 생각한다. 신이 계시다면 그런가보다 하고 못하게 하면 팔짱끼고 바라보기만하면 되고, 들어가지 말라는 곳은 울타리 밖이나 맴돌다가 이내 제자리로 되돌아오면 되는 것들 말이다. 그런데 토인비의 말처럼 그간의 인간의 역사는 도전과 응전의 연속이고 우리 같은 소인素人적 행동거지를 넘어 소수의 겁대가리 없는 천재들이 인류사를 선점하며 좌우지 하지 않았던가?

인간의 호기심은 한없는 것이어서 신이 깊숙이 감추어둔 불씨를 훔쳐낸 프로메테우스들이 있었기에 인간세상의 근심과 걱정은 잠들지 않는 파도처럼 이 오랜 세월의 바다를 누비고 있다. 그래서 세네카 같은 철인도 "세계의 질서를 비방하고 자기를 변혁하기보다는 아예 하느님을 바꾸려고 한다."며 인간을 향한 경고성 염려를 서슴지 않았다. 모르긴 해도 논쟁을 부른 동물들의 복제소동은 인간세상을 향한 받아 논 밥상

누군가를 부르며 다가선다는 것

_ 자궁에서 왕관까지 _

이고 예측불허의 재앙을 예고한 셈이다.

　인간의 복제가 가져올 재앙은 종교적 견지에서만 섬뜩한 일이 아니다. 설사 인간의 두뇌가 호박만한 딸기를 만들고 몰모트 만한 황소를 만들었다고 치자. 그러나 이 정도는 어느 의미에서 인간의 호기심이 찾아낸 자그마한 해프닝일 수 있다. 6년 전 3월에 가진 인공지능 알파고와 이세돌 9단 간의 대국對局은 세기의 이목을 모은 비상한 사건이었다. 인간이 피조물에게 어디까지 밀릴 것인지조차 헷갈린 일종의 선문답 같은 게임이었다. 그러나 그 같은 일마저 오늘의 시점에서는 까마득한 옛일이 되고 있다. 이제 인간과 피조물과의 대결에 불은 붙었고 인간세상 어디까지 타오를 것인지는 시계視界제로다. 분명한 것은 이리 저리 몰린 궁여지책의 인간 앞에 인공지능이라는 이름의 오만가지 행색들이 떼거리로 몰려와 목하 문전 시위 중이다. 영혼은 부재하고 목적만 가진 것들과의 일전一戰으로 인간의 자존심은 고사하고 생존 그 자체마저 점령당하는 것은 아닌지에 명운을 걸어야 할 지점이 다가오고 있다. 이제는 우리 인간이 확보한 인간만의 성역이 그나마 인간 최후의 보루이기를 간망懇望하는 지경에 다다른 것이다.

　문제는 건들어서는 안 될 창조주의 콧수염까지를 뽑아내고야 말겠다는 인간들의 과도한 자기 호기심 내지는 집착의 결과가 쓰나미 같은 인류의 종말로 일각일각 덮쳐온다는 불안감이다. 이 같은 무분별하고 무한대한 과학의 발전 땜에 인류는 주인 된 자리를 내놓고 소돔과 고모라 같은 말초 감각적이고 퇴폐적인 유흥세상의 구석자리에서 스스로가 빠져 나올 수 없는 자멸로 치닫는지 모른다. 이런 판에 최고로 귀하다는 인간 그 자체마저 일거에 휩쓸어버릴 신들의 악마적 야만성이 인간세상의 평온을 짚북데기 같은 허수아비로 전락시킬 날이 시간문제처럼만 보인다.

  이제부터 인간의 과제를 푸는 지혜는 과학을 짐 진 극도한 물질의 편리로부터 그만들 멈춰서는 일이다. 홍길동을 통한 작가 허균 선생의 상상력은 우리 인간에게는 기발하게 상 차려진 삽상한 카타르시스임에 틀림없지만 500년이 지난 지금 그 결과물이 몰고 올 미구의 쓰나미는 예측 불허의 재앙임이 분명하다. 요컨대 우리 인간은 브레이크 없는 망나니의 질주만을 팔짱낀 채로 관전하는 형국이랄까. 상황이 이럴진대 몰려드는 일련의 재앙을 손잡아 지켜낼 묘방은 정녕 없는 것인가. 우리 인간이 받아든 다음의 밥상 앞에서 그나마 다행인 것은 인간만이 가능한 고유영역이 예술이고 창작이라는 사실 앞에 문학의 자별한 헌신과 역할이 그 어느 때보다 필요한 때다.

나의 설 명절에도 '유리구두'가 있었다

까치까치 설날은 어저께고요/우리 우리 설날은 오늘이래요/곱고 고운 댕기도 내가 들이고, 새로 사온 신발도 내가 신어요/……

나의 설날 이야기는 '새로 사온 신발'로부터 시작된다. 폐타이어로 만든 검정 고무신이 전부이던 때, 닳거나 구멍이 나면 꿰매신고 생각만으로도 웃음이 나오지만 그마저 닳을까 봐 신발을 벗어서 손에 들고 학교를 오가기도 했던, 그 시절 우리의 모습을 다시금 그려본다. 그런 터에 심부름만 잘해도, 학교에서 상장만 타와도 "이번 설에는 아버지께 말씀드려서 운동화를 사주겠다."는 어머니의 약속은 밥을 먹지 않고도 배가 불렀다. 그 시절 우리는 운동화 한 번 신어보기가 얼마나 소원이던가. 운동화를 신고 운동장이나 신작로를 얼마나 달리고 싶었던가.

'운동화 약속'도 받았겠다 달뜬 마음인데 어머니는 까치설 날에 '기름장*'을 다녀오신 아버지의 장 봇짐에서 운동화를 꺼내셨다. 그렇잖아도 지난밤 꿈에 운동화가 날개 달고 날아다니는 통에 그걸 잡으려고 무던히도 애를 쓰며 뛰어다녔는데 아버지께서 그 운동화를 사 오신 것이다. 하룻밤만 자고나면 저걸 신고 친구들 앞을 잰 체 하며 달려 다닐 일을 생각하니 잠이 오지 않았다. 일어나서 운동화를 신었다 벗기를 여러 번, 그래도 날이 새지를 않아 운동화를 신고 밖으로 나왔다. 별들은 하늘 가득 반짝이고 온 동네가 괴괴한 어둠속에 잠겨 있었다.

　이 밤중에 어디를 간담! 궁리 끝에 친구네 사립을 밀치고 방으로 들어갔다. 곤히들 잠을 자는지 방안에는 코고는 소리만 가득했다. 운동화를 안고 조심조심 방 윗목께로 가서 부처처럼 앉아있었다. 잠을 깬 친구 아버지가 웅크린 검은 덩어리에 놀랐는지 "누…누구냐?"며 다급하게 물었다. 나는 이름을 대고 "아버지께서 운동화를 사오셨다."고 느린 목소리로 말을 했다. 불을 컨 친구아버지는 "아, 그래 참 좋겠다."며 내 머리를 쓰다듬어 주셨다. 그제서야 나는 할 일 다 했다는 듯 친구 집 방문을 열고 밖으로 나올 수 있었다.

　우리에겐 몇 개의 명절이 있다. 그 대표적인 것이 설과 추

설날을 찾아들다

3부 _ 그리하여 인간의 다음 밥상은?

虎頭日出

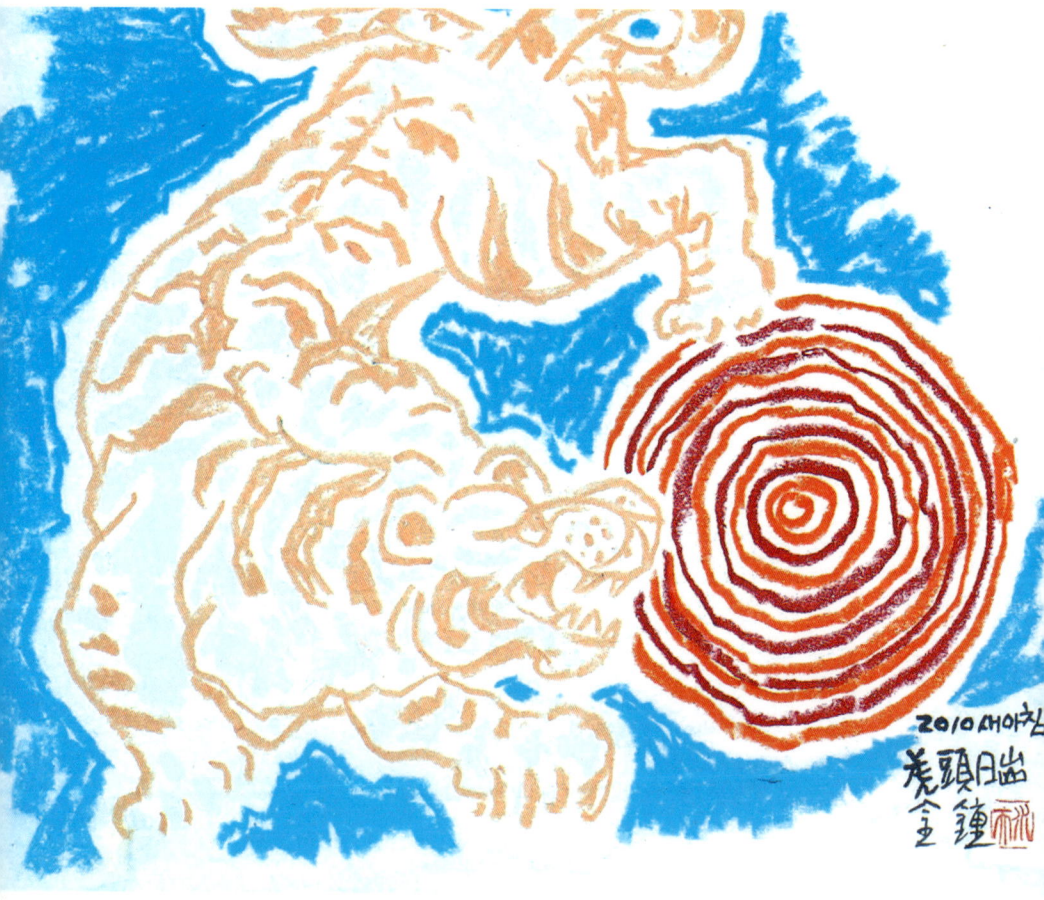

_ 자궁에서 왕관까지 _

석인데 일본과는 달리 우리는 그 모두를 음력으로 쉰다. 추석이야 당초부터 음력이지만 우리의 설 명절을 지금처럼 음력으로 되돌리기까지에는 많은 세월과 우여곡절이 함께 했었다. 행정적으로는 세계의 흐름에 맞춘다며 음력 1월 1일은 '옛날 설'이란 의미의 '구정舊正'이라면서 '신정新正'이라 이름붙인 양력 1월 1일을 100년 가까이 '설날'로 받아들이자고 공을 들였었다. 허지만 잃어버린 나라를 찾는 독립운동처럼 음력설을 '정식 설날'로 되돌리는 데는 총칼로도 막을 수 없는 민족일체의 힘이 거대 강물처럼 흐르고 흘렀다.

'설'의 의미는 한해의 '첫날' 외에도 '개시開始하다'에서 온 '선날'이나 '섧다'에서의 '설운 날', '조심하고 삼가는 날'인 '신일愼日' 등의 어원이 오르내린다. 유래 또한 '중국사서史書에서 보듯 신라인의 원일元日 배례나 『삼국사기』 제사 편에 나오는 고이왕(228)이나 책계왕(287) 등의 정월 제사풍습이 설날과 관련이 있을 것으로 보았다. 고려 때는 정월 대보름과 함께, 조선조는 4대 명절 중의 으뜸명절로 자리를 잡아 여기까지 온 것이다.

제프리 존스는 자신이 쓴 『나는 한국인이 두렵다』에서 우리네가 자리 있을 때마다 청산하자고 외친 '혈연문화'가 한국의 오늘의 발전과 무관치 않다고 말한 바 있다. 설이나 추

동행

_ 자궁에서 왕관까지 _

석은 우리의 정신과 기질로 지켜낸 혈연문화의 성소聖所이며 조상님 앞에 조·부·손이 하나의 핏줄로 줄을 서는 장엄한 축제 한마당이다. "근면한 민족일수록 축제를 좋아한다."는 것이 필자의 생각인데 설 명절이라는 축제의 공간에서 새날에의 충전이 없고서야 어찌 그 많은 땀을 흘리며 새 세상을 열 칠 수 있었을까.

내 생애의 최대의 호사였던 '운동화 해프닝'은 신데렐라의 유리 구두로 치환될 만한 추억속의 꽃 궁궐이다. 설빔은 호사의 형식이며 설날은 설빔으로 장식한 축제의 동굴이다. 동굴은 생명을 분만하는 어머니의 자궁이며 국조 단군을 낳은 웅녀가 인간으로 변신한 곳인데 이는 자궁의 여성적 생산성과 무관치 않다. 동굴에 모인 사람들은 그래서 '설'이라는 특설무대에 올라 넉넉하고 따뜻한 대동한마당을 이룰 수 있었다.

또다시 설날이 왔다. 고향 찾아 먼 길을 달려온 자식걱정에 동구 밖까지 등불 잡고 마중 나온 노모의 모습이 아른거린다. 아, 옛날이여, 설날이면 그날의 횟수만큼을 성벽처럼 쌓아올린 나의 이 많은 나이에도 어머니 품안을 파고드는 아이마냥 철없어진다.

건망증은 문학이 될 수 있을까

'업은 아이 3년 찾는다.' 건망증이 만든 말이다. 건망증이란 놈은 메피스토펠레스가 파우스트를 점령해버릴 때처럼 쥐도 새도 모르게 잠입하여 갖가지 모양새로 조화를 부린다. 건망증의 그물망에 걸려들기만 하면 누구든 떡 주무르듯 딴사람으로 바꿔버린다.

  묘법연화경 속에
  내 까마득 그 뜻을 잊어먹은 글자가 하나
  무교동 왕대포집으로 가서
  팁을 오백원씩이나 주어도
  도무지 도무지 생각이 안 나는 글자가 하나
  나리는 이슬비에
  자라는 보리밭에
  기왕이면 비 열 끗짜리 속의 쟁끼나 한 마리

백두대간에 번진 세월의 무늬

3부 _ 그리하여 인간의 다음 밥상은?

> 그냥 여기 그려두고
> 낮잠이나 들까나

미당의 시 「낮잠」이다. 묘법연화경 속의 잊어먹은 글자 하나를 찾아가듯 문학을 하는 이들의 기억력을 조롱하듯 말끔한 단념과 포기를 제공한다는 점에서 건망증은 밉지만 매력적이다.

나폴레옹이 싸움터에 휴대하고 가서 일곱 번이나 읽었다는 『젊은 베르테르의 슬픔』은 괴테가 열네 차례나 연정을 고백하고서야 완성했다고 한다. 사실 이 위대한 문학천재에게 지나간 사랑의 자리를 덮어버린 건망증이라는 전리품이 없었다면 이토록 아름다운 사랑얘기가 어찌 가능하겠으며 명작들 또한 이어질 수 있었을까. 20세기 최대의 화가 피카소도 건망증에서 창작한 작품이 수두룩하다. 그가 자신의 회화작품에서 영감의 밀원蜜源으로 '사랑'을 빌린 것은 잘 알려진 일이며 사랑 찾는 유랑자로 살았던 그의 생애를 모르는 사람은 없다. 그는 새 연인이 생기면 죽자 사자 덤벼들어 사랑한 탓에 이전의 여자는 눈앞에서 자살을 해도 그 어떤 반응도 보이지 않았다고 한다. 마치 이전의 기억 따위는 사그리 지워버리고 새 사람으로 다시 태어났다는 듯이. 바로 이것이 그의 지독한 건망증의 결과물이며 샘솟는 사랑의 편력이 작품창작으로 이동했다고 보는 이유이기도 하다.

물리적인 시간에다 '기다림'의 질량을 보태는 게 우리네가 말하는 문학적 '삶'의 가로 세로다. 가끔씩 두고 온 무언가를 찾기 위해 '유실물계' 앞을 서성거리는 우리네 일상이 한편으로는 인간적이게 하고 붓을 들어 글을 쓰게 한다. 누구나 건너면 과거의 일을 모조리 잊는다는 레테의 강이 있다. 이 강은 '망각'이란 인간세상에서 빠뜨릴 수 없는 숙명이며 떨쳐낼 수 없는 매력의 한 품목임을 가르친 신화 속의 이야기다.

도스토예프스키는 작품의 탁월함 못지않게 선망증에서도 단연 천재였다. 쥐고 있는 펜을 찾느라 주머니고 방바닥이고를 뒤고 메질 않나 금방까지 등장한 주인공의 이름을 까먹어 작품 전부를 헤집어 확인한 다음에야 집필을 이어갔다고 한다. 하루는 도스토예프스키가 부인과 거리 나들이를 하다가 마작판 앞을 지나게 되었다. 그는 부인에게 '잠깐만'이라며 쫓기듯이 웃옷을 맡기고 마작 게임관으로 들어간 뒤 사흘간을 무소식이었다. 마작에 빠진 도스토예프스키는 부인에게 던진 약속을 완전 망각한 것이다.

아인슈타인이 뉴저지주의 고급연구기관으로 이사를 한 후 프린스턴 대학원장실에서 전화가 왔다.

"아이젠하트 원장님을 바꿔주세요."

비서가 안 계신다고하자 목소리는 계속 이어졌다.

"그럼, 아인슈타인 박사가 어디에 사는지 가르쳐 주시겠습니까?"

비서는 아인슈타인 박사님은 사생활에 침해받길 원치 않으시기에 그렇게 할 수는 없노라고 했다. 그러자 전화기의 목소리가 거의 속삭이듯이 작아졌다.

"아무에게도 말하지 마라. 내가 아인슈타인이다. 집에 가는 중인데 집이 어디인지를 잊어버렸구나."

겨울날 난로 곁에서 실험에 몰두하던 뉴턴은 조교에게 버럭 화를 냈다. '이 난로를 저쪽으로 빨리 치우지 않고 무얼 하는 게야! 뜨거워서 견딜 수가 있어야지.' '선생님이 조금 떨어지면 되는데요.' '아차 이런 실수라니'

건망증에 관한 한 섹스피어도, 릴케도 흥미 있는 에피소드의 경력자들이다. 우리도 뒤질세라 근대문학사에 우뚝한 김동인, 김유정, 이상 등이 건망증에서는 모두가 자유롭지 못한 천재들이다. 필자 또한 건망증만큼은 천재(?)인지라 그냥 못 넘길 에피소드가 수두룩하다. 금방까지 기억났던 사람의 이름을 까먹어 입속의 침이 마르기를 수십 번. 어느 시비 제막식에선가 해설하기로 한 작품 메모지를 착실히(?) 챙겼다가 그대로 놔두고 나온 바람에 행사순서를 고스란히 넘겨야하는 쓰라림도 있었다. 결혼 주례를 앞두고 목욕재계를 한 뒤 여분의 시간에 등을 대고 쉬다가 수면에 빠졌었고 아차 하고 달려갔을 때는 다른 대타 주례로 결혼식이 끝나 있기도 했었다.

그 원수 같은 건망증은 이제는 아예 내 도반이 되어있고 갈등이나 충돌 따위를 맘 편하게 어울리는 중이다. 긴장하면 할수록 감쪽같은 발걸이로 내 몸 전체를 넘겨버리는 게 건망증이다. 그래 좋든 궂든 삭히고 달래면서 사귀어야할 내 생의 천석고황(?)이 건망증이라면 나만의 위안이라 할 것인가?

'망각'을 주제로 시 한편을 보탠다.

> 수위실에 햇김치단지를 맡겨두고
> 몰래몰래 다녀가시는 착한 시어머니처럼
> 망각보살님은 착하시다
> 더러는 기억의 아랫목까지 닫아버려
> 캄캄한 한뎃잠도 자지만
> 꽃대 같은 허리에 무거운 기억들을 이고
> 휘청거리며 씨름하던
> 수천 갈래의 시간들을 싹둑싹둑 잘라내 버리는
> 삼가 망각보살님의 가위질 덕분에
> 막무가내로 들이닥치는 회백질의 주검들
> 생각을 씻어낸 말간 달이 두둥실 떠오른다

다녀가신 자리 자리에
산천초목이 낙엽을 덮고 분주히 움터 오른다
폭발한 흑점들의 혈기왕성한 분노를
날려버린 모래바람에 하루해가 환하다
오랜 세월 앓아누운 해묵은 상처들이
하하호호 벌 나비 나는 사철낙원이다

때로는 산천초목이
때로는 소낙비가
때로는 물레방앗간 그 아슴한 사랑이

망각보살님 다녀가신 자리마다 웃는다
사월의 어린 갈맷빛처럼
오목한 배꼽 세상을 울컥울컥 달린다
-「망각보살님 찬가」 전문

눈물을 받아내는 그릇
-호명을 잊은 시대에 띄우는 사랑노래

델리의 라즈가트에 있는 간디의 묘비석에는 나라가 망할 때 나타나는 일곱 가지의 사회악을 새겨 놓았다. 인도의 민족 운동을 이끌었고 인도건국의 아버지로 칭송되는 간디는 인종 차별에 맞서서 반영·비협력운동 등을 가열차게 전개한 인도 최대의 지도자였다. 그가 신념으로 밀고 간 '비폭력 저항'을 두고는 싸우지 못한 자가 선택한 자기비겁 내지는 자기보호라고 폄하하는 이도 있지만 이는 간디를 제대로 성찰한 것이라 보기는 어렵다.

간디는 얼굴을 여럿 지닌 다면체의 인물이다. 그는 종교인인가 하면 실천적 사상가였고 혁명가인가 하면 선두에서 민족을 이끈 지도자였다. 이들 이미지를 하나로 합하면 간디는 주목받는 '정치가'로 귀결된다. 시대상황에 비추어 정치인 간디의 출현은 다분히 필요 충분적 의미를 지닌다. 그만큼 조국 인도를 위하여 전력투구했던 인물이 간디인 때문이다.

　간디는 인도를 높은 이상의 나라로 이끌고자 쉼 없이 고뇌했다. 허나 그 자신의 이상이 벽에 부딪칠 때는 그의 고뇌의 파고 또한 높았다. 간디도 여느 사람처럼 몇 차례의 실패를 거친 한 인간이었다. 허나 그가 끝까지 포기하지 않은 배수진으로써의 철학은 '믿음'이라는 무기였다. 그가 좌우명 삼은 믿음은 사람들을 모이게 하고 그 과정에서 새기고 실천해야 할 좌우명을 설정했었다. 세상을 신념대로 밀고가자면 무엇보다 사람들을 한솥밥처럼 한자리에 모으는 사랑의 광합성이 필요했을 것이다. 허나 그 같은 사랑은 간디의 시대에는 너무도 멀어져 있었고 이들을 회복하기 위해 작정하듯 다음처럼 써내려갔다.

　　"원칙 없는 정치,
　　노동 없는 부,
　　양심 없는 쾌락,
　　인격 없는 교육,
　　도덕 없는 상업,
　　인간성 없는 과학,
　　희생 없는 종교" 등이다.

달밤

3부 _ 그리하여 인간의 다음 밥상은?

부연하지 않아도 위의 일곱 가지 가르침은 오늘의 우리에게도 혈서적 의미를 지닌다. 멀리 갈 것도 없이 위의 가르침은 IMF에서부터 오늘의 이 자리까지 우리의 현실을 총체적으로 펼쳐 보인 '세월호 참사' 등의 굵직굵직한 사건에서 맞춤형 주의사항처럼 여실해진다.

"이 나라에 주인이 없다." 언제부턴가 필자가 되풀이 강조해온 말이다. 나라에 주인이 없으니 무주공산일 수밖에 없고 강물 위의 뗏목처럼 어디론가 기약 없이 떠내려가는 형국이다. 여기를 가나 저기를 가나 "특별한 사람"으로 대접받을 궁리에나 빠진 공직자에다 '희생'이란 말은 애시당초 딴 동네일이고 돈과 권력만을 뒤쫓는 종교의 세속성이나 기득권 지키기에 사생결단인 우리의 그간의 현실은 숨이 막힐 만큼 높고 가파르다.

새삼 짚어볼 필요 없이 간디가 생존했던 시대의 인도가 오늘의 우리에게 데칼코마니처럼 이동해온 건 아닐까하는 생각이다. 주장하는 이는 많아도 팔 걷어 부치고 행동하는 이가 사라진 사회, 자리에 앉아서는 전가의 보검처럼 특권만을 휘두르다가 그 자리 떠나면 뒤보는 법도 책임지는 자도 없는 나라. 그런데도 국민은 그들의 매뉴얼대로 움직이는 모빌 같은 줄豪이고 꼭두각시일 뿐인 세월이 잘도 가고 있다. 나라의 소유라면 너도 나도 선착순으로 훔쳐가거나 빼먹는 굿이고 시간 지나면 언제 그랬냐 싶게 꿩 구어 먹은 자리가 되어버려도 책임지는 자가 없다는 현실이 우리를 더없이 우울하게 한다.

멀리 갈 것도 없이 행세깨나 한다는 정치인들이 그렇고 공기업이 그렇고 각계각층에 만연한 이기주의가 그렇다. 슬프게도 우리가 그 같은 자리에 선착순으로 가담하고 있고 심하게 말하여 중독 상태에나 빠지지 않았는지 걱정이다. 그런 의미에서 '김영란법'이라도 만들어서 몸을 비틀고 피해가려는 자가 있다는 건 그나마 다행이라 할 것인가. 정작 이 법의 제안자는 "한마디로 각자의 자리에서 더치페이하자는 것"이라고 말했다한다. 이 법의 후폭풍 앞에 초죽음 상태로 엎드린 자들이 이의 제정을 통해 조금씩 전진해가는 모습은 그나마 다행이라 할까.

톨스토이는 '황금', '소금', '지금'을 적시하고 그중 가장 유용한 '금'이 '지금'이라고 했다 한다. 늦은 감은 있지만 '지금'이 바로 그 일을 이루기에 필요한 시기라는 말일 것이다. 간디는 '미래는 현재의 우리가 무엇을 하는가에 달려있다.'고 했다. 터놓고 얘기하여 우리들의 나라에 주인이 없다는 말은 '이순신 정신'의 부재에서 비롯된다. 이순신 정신은 대가가 주어지지 않아도 공의公義 앞에 기꺼이 자신을 던지는 백의종

獨島는 외롭지 않다

군의 정신을 의미한다. 그런데도 "이 나라의 지금과 여기"에는 정치도 경제도 쾌락도 교육도 상업도 과학도 종교도 자기반성에 터 잡은 백의종군에는 손 놓고 있다.

'행운'의 네 잎 크로버를 찾겠다고 세 잎 크로버의 '행복'은 무참히 짓밟곤 하는 우리, 그러면서도 상대가 다가올세라 주먹을 쥐고 무섭게 벼르는 사람들. 누구랄 것도 먼저랄 것도 없이 비익조처럼 연리지처럼 손이든 발이든 보듬어주고 볼 부비는 사랑의 반쪽이 이리 간절한데 말이다.

옆에 핀 꽃도 앞에 핀 꽃도 이름을 불러주지 않아 시름시름 앓다가 시들어버리기 그 얼마이던가. 하나의 몸짓에 지나지 않던 것들이 이름을 불러주자 화들짝 '꽃'으로 피어나고 '잊히지 않는 눈짓'으로 다가오는 시간을 우리는 바라보고 있다.

정끝별 시인은 '내가 본 가장 무서운 꽃은 나를 등진 너의 눈부처 속 꽃이었다.'고 고백한다. 체온을 나눈 누구와도 눈 맞추지 않고 오직 컴퓨터와 스마트폰에 익사해버린 사람들만 지금 우리 주변에 넘쳐나고 있다. 피를 나눈 가족이나 이웃에는 모르쇠고 기계 속의 친구에게만 목을 매는 또 다른 우리에게도 이제는 눈물을 받아내는 그릇으로 놓여야할 시간이다.

부족한 하나는 다른 하나를 담기 위함이다
다른 하나는 사랑을 담는 그릇이다

세상은 대책 없이 어두웠다
약육강식과 아귀다툼 때문이었다

하느님은 돌봄의 세상에 눈물을 보내기로 했다
세상에는 눈물을 담을 그릇이 필요했다
하늘의 그릇엔 무언가로 채워져 있었다
눈물을 받으려면 그릇 하나를 비워야했다
그러나 아무도 제 그릇을 비우려들지 않았다

세상은 더더욱 캄캄해졌다

천사들의 날개가 눈물 마를 날이 없었다
천사들은 자원해서 빈 그릇이 되기로 했다

오월

_ 자궁에서 왕관까지 _

마음을 비운 천사는 저마다 장애인이 되었다
어떤 천사는 손가락을
어떤 천사는 다리를
어떤 천사는 꽃처럼 고운 얼굴을
어떤 천사는 눈을 비우고 왔다

사람들은 천사들의 빈 지체에 사랑을 담기 시작했다
세상은 비로소 환해졌다.

-「눈물의 그릇」전문

굼뜬 강물은 어디로 흐르나

『아낌없이 주는 나무』의 작가 셸 실버스타인은 이런 동화를 썼다.

귀퉁이 한 조각이 떨어져 나가 온전치 못한 동그라미가 있었는데 그 동그라미는 자신의 잃어버린 조각을 찾기 위해 먼 여행을 떠난다. 떨어져 나간 조각 때문에 빨리 구를 수 없었던 동그라미는 힘겹게 힘겹게 구르면서 벌레와 이야기하고 길가에 핀 꽃들의 향기도 맡는다. 가끔은 나비가 날아 와 머리 위에 사뿐 내려앉기도 했다. 비도 맞고 햇볕에 그을리기도 하고 눈보라에 울기도 했지만 세상의 모든 것들과 친구가 될 수 있었다.

오랜 여행 끝에 동그라미는 잃어버린 조각을 되찾은 완벽한 동그라미가 되어 이전보다 몇 배 빠르고 쉽게 구를 수 있었다. 그런데 이제는 벌레와 얘기하기 위해 멈출 수 없었고 꽃향기는 물론이고 나비도 불러서 앉힐 수 없었다. 빨리 구르는지라 노래를 부르려도 숨이 차서 부를 수가 없었다. 생각을 거듭한 끝에 동그라미는 구르기를 멈추고 가만히 한 조각을 떼어 놓았다. 그리고는 천천히 굴러가며 노래도 하고 벌레와도 이야기 할 수 있었다.

'완벽한 것의 불편함'을 전하는 이 동화는 특별하게 잘 나서 '보통'의 다수와 분리되어 살아간다는 것이 실은 그렇게 멋진 일이 아님을 생각게 한다. 귀퉁이가 떨어져 삐뚤삐뚤 구르는 동그라미처럼 조금은 부족하게, 조금은 느리게 굴러 가야 꽃냄새도 맡고 노래도 부를 수 있다는 평범 속의 행복을 스미듯이 전해 준다.

지금은 대자연을 거처삼아 들녘으로 나갔던 사람들이 바람을 방패 두르고 귀가를 서두르는 조락의 계절 11월이다. 해질 무렵 승천보 산책로에 서면 아주 먼 곳으로부터 번져와 목포 방면으로 금성산 머리 위에 조을조을 하는 낙조와 만날 수 있다. "해는 서산에 지고"라 하건만 승천보에서 바라보는 저녁 해는 강물 위를 머물다가 서서히 휴식의 자리로 내려앉는 것 같다.

강의 아랫녘에 깔리는 풍경은 흡사 물먹은 한지 위의 동양화다. 드물게, 그러나 조락한 나뭇가지 사이로 감청색 하늘이 무한대로 열려있다. 강물 위에 얼굴을 비추노라면 우리가 끌고 온 지난 생의 아픈 조각들이 그리도 편안할 수가 없다. 돌멩이 하나를 집어 물수제비를 뜬다. 동, 동, 동 주름 잡힌 나이테가 나를 향해 달려온다. 문득 우리가 이끄는 생生은 목적이 아니라 위안이고 희망이라는 사념이 떠오르는 순간이다.

   산책로를 따라 걷는다. 꽃 이름표를 부착한 야생화들이 늦가을 햇빛에 나와 제 몸을 말리고 있다. 지나는 길옆의 목교와 인공 섬도 "초원 위의 집"처럼 아름답다. 자연은 자꾸만 쇠락하고 주위 풍경은 을씨년스럽다. 이 계절에 귀뚱이 떨어

진 동그라미 이야기는 영락없는 영산강 스토리다. 오랜 시간을 흘러 흘러서 강물의 바다까지는 복근운동 같은 수많은 애기들이 물 주름 해먹을 걸어놓고 하늘거렸을 테다. 돌멩이하고도 풀꽃들하고도 이 마을 저 마을 사람들하고도 하늘과 비바람과 들녘과 야산하고도 지나온 시간들을 얘기하며 웃음처럼 자랑처럼 보따리 보따리 반짝이는 강물의 해맑은 눈동자 앞에서 나도 고개를 들어 한 조각 자연으로 심호흡을 한다.

한 시절을 내려놓고 가을이 오면 영산강 양안兩岸에는 거대한 전리품처럼 은회색 억새들이 그들먹하다. 천지가 온통 흰

강마을 사람들

3부 _ 그리하여 인간의 다음 밥상은?

머리 억새로 가득하고 영산강이 지나는 강역에는 백호 임제 선생의 시구詩句가 팔랑이고 지구촌의 청춘남녀들이 밤을 새워 사랑의 밀어를 속삭여도 좋을 최고의 풍광이 연출된다. 그래서 영산강의 10월과 11월은 하늘거리는 억새들의 황홀함에 풍덩 빠져도 좋을 만큼 지나는 길손들도 억새에서 잠시 잠깐도 눈을 떼지를 못한다. 영산강은 이 나라의 알곡을 작량한 생명의 노적가리이면서 천재시인 백호 임제를 낳아서 기른 예술과 사랑의 강이기도 하다.

나는 지금 영산강의 순탄한 운행 앞에 섰다. 흘러 흘러서 먼 길 가는 강물은 바다 만나는 것이 목적이라 생각한다. 그럼에도 강물은 바다 만나는 것만을 목적 삼지는 않는다. 만약에 강물이 목적지에만 골몰했다면 반듯한 직선을 선택하는 것이 최선일 것이다. 허나 강물은 우리네 어머니의 심하게 굽은 허리처럼 이 들녘 저 들녘을 열어 굼뜨고 느리지만 차근차근 젖 물리며 굽이굽이 흘러간다. 내가 지금 바라보는 영산강은 보통 사람에겐 역사 속의 강이지만 한편으론 수말스런 자연의 강이기도 하다. 속도도 수량도 풍광도 저리 널널한 강은 귀퉁이를 잃어버린 동그라미처럼 이야기도 노래도 제각각이고 제 새끼처럼 안아서 흐르는 중이다. 그러나 강물은 거쳐온 시간을 뒤돌아보거나 멈추지 않고 흐른다. 적시며 젖 물리며 흐르면서도 지나온 길을 돌아보지 않는다. 고단했던 지난 시간이야 미련두지 말라는 의미일까.

 밤이 되면 싸늘한 바람이 소매 깃을 스민다. 가을걷이가 끝난 들녘이 멀리 보이고 물 찾는 별들이 속삭이듯 내려온다. 물결이 바람에 밀리며 밀리며 휘파람 소리를 낸다. 주변이 냉해지면 나도 세상도 마냥 차분해진다. 이럴 때는 단 한 번의 심호흡으로 삼라만상과 우주를 몽땅 들이킬 것 같다. 저 강물의 시간 위에 피고 졌을 인간들의 시간은 상상하는 것만도 심신이 생신하다. 이 굽이 저 굽이와 이야기 하고 싶은 귀 떨어진 동그라미들의 머리 머리가 바람 만난 억새처럼 주억거린다. 나 또한 놓칠 새라 아는 듯 모르는 듯 눈인사를 보낸다.

내 예술은 나의 철부지다

 알 수는 없으나 궁금한 것, 설說로만 떠다닐 뿐 도깨비 꼬리처럼 아리송한 것, 그럴듯한 상상에다 사건적 이야기까지를 덧붙여 각색한 시뮬레이션을 우리는 UFO(미확인 비행물체)라 한다. 미스터리 파일을 열면 UFO 이야기는 더한층 풍성하고 요란하다. 케네디 대통령도 외계인의 존재를 알리려다 미국 군수업체나 마피아에게 암살됐다느니, 빌 클린턴이 외계인을 직접 만나 모종의 깊은 의견을 나누었다느니, 미국 정보국 문서고에 'X파일'이라는 코드명으로 UFO의 비행과 추락, 외계인에 대한 극비자료들이 쌓여 있다느니…등등. 눈으로 확인하기 전에는 가늠조차 어려운 철없는 여러 얘기들이 내 호기심을 무한대로 자극한다. UFO가 처음 발견되기는 1947년 6월 미국 워싱톤 주 레이니어 산 부근이었다고 한다. 그리고 K·아놀드라는 민간 비행사가 일련의 비행물체를 목격한 뒤

탑들의 자기환상

3부 _ 그리하여 인간의 다음 밥상은?

천지의 형상연습

_ 자궁에서 왕관까지 _

보고한 것이 최초이며 그 후 관심과 연구가 활발해지면서 동굴 벽화에도 UFO와 관련한 외계인 형상들이 발견되는 것을 볼 수 있다고 한다.

생김새만 봐도 그렇다. 우리 인간의 상상력을 맘껏 부풀려서 만들었다는, 해괴한 ET 모양의, 머리통만 기형적으로 확대한 형상에다 피부는 뱀처럼 작은 비늘로 뒤덮힌 이들은 지구에 직접 와서 인간을 생체실험하기 위해 10세에서 30세까지만을 매년 1만 명씩 데려간다느니, 추락한 UFO에서 4명의 외계인을 포획했는데 1명은 현재 생존상태로 연구 중이라느니… 등등. 외계인의 접근이 이처럼 가능한 것은 이들이 영어를 구사하며 지구의 환경에 별 탈 없이 적응하기 때문이라는 것 등등이다. 이쯤 되고 보니 UFO에 대한 더 많은 설왕설래는 관심의 정도가 시간 지나면 사라질 고만고만한 사안이 아니라는 것이다.

호기심의 꼬리는 끝없이 이어져서 우리 인간의 시간 위에 외계인 투입설이 창조설, 진화설 등과 한 축을 이룬다는 점에서 UFO의 문제는 대단한 파격이면서 지식 이상의 흥미를 제공한다. 이도저도 결론 낼 수 없는 시점에서 오늘처럼 으리번쩍한 과학문명의 시대에 정체도 아리숭한 UFO가 지구의 상공에 출몰한다는 사실이 더한 흥미를 유발한다.

파도는 로망스다

UFO의 문제를 들추면서 내가 펼치는 예술이라는 이름의 작업들을 생각한다. 이들 작업에도 내가 이루고 싶은 것은 '알 수는 없으나 궁금한 것'에의 성취이고 전진이다. 어찌어찌 하다 보니 괜찮은 형상에 다다르고 완성된 것, 그래서 솔직히 고백하자면 나는 예술이라는 매번의 작업을 한마디로 미로 찾기로 규정한 지가 오래다. 작업해 놓고 똑같은 형상을 제작하기 위해 똑같은 방법을 기억해내면서 제작하자면 이전의 방법이나 통로가 모두 지워져버려 그저 손 놓고 먼 산이나 바라본다는 것, 그래도 나는 무언가를 만들고 형상화하기 위해 내 호기심 주머니를 무한 부풀려서 갖가지 생각을 담아내고 도구를 끌어내고 그것들로 또다시 알 수 없는 나만의 유토피아를 작업하는 것이다.
　그리 보면 예술작업은 익숙한 반복 작업으로 찾아가는 제작상의 물건 만들기가 아닌 것을 작업할 때마다 실감한다. 내가 아둔해서 그러는 건지 나의 예술작업은 심봉사 문고리잡기 이상도 이하도 아니라는 것이다. 필요하면 비유와 상징의 통로를 열어 궁금한 것들의 추적과 형상화에 된통 빠져버린 나는 새벽밥 먹고 머나먼 작업장을 찾아 길을 나서야 한다. 상대방이 품는 반감과 무관심 속에서 역설적으로 성장한 음모가 내가 생각하는 최고의 예술이고 내 생에 밀어닥친 최대의 오르가즘이다.

  온실화초가 감동이 미미한 것은 길들여진 환경에서 순탄하게 자라고 꽃피어난 때문이다. 하늘에서 추락하든 땅에서 솟아나든 그 평탄할리 없는 질투 뒤에는 새싹 같은 내 예술의 감동이 파릇파릇 자라서 우거지고 UFO처럼 날려 보내기를 소망한다. 알 수는 없으나 궁금한 것 그래서 끝없는 호기심으로 파들어 가는 것! 이보다 짜릿한 게 예술이라면 철부지한 나의 오르가즘의 전부가 아까울리 있겠는가. 그런 때문에 나는 오늘도 나의 표현의 전부를 몽땅 나의 철부지한 질투로 되돌리고 싶다.

공작 나무 한 그루

햇살의 시간, 오월이 왔다. 양지가 한 마리의 공작을 감싸고 있다. 공직의 펴든 날개가 형형색색 부챗살이고 한 그루 태양나무로 변환을 시도한다. W.블레이크가 공작의 거만을 두고 신의 영광이라 하였다지. 저리 고혹적인 모습 앞에 무슨 찬사인들 아까웠겠는가. 공작은 다른 새들과는 구분되게 자기 연출력이 튀는 새이다. 공작의 탁월한 자기 과시는 신으로 부터 공작날개 같은 또다른 권력을 위임받았기 때문이다. 그러기에 러셀은 『행복의 정복』에서 공작은 지들끼리도 다른 공작을 부러워하지 않는다고 하였다. 자신의 천부적인 꼬리야말로 세상에서 가장 황홀한 매력 뭉치라 생각하기 때문이라는 것이다.

신화에서도 공작은 그 의미 또한 특별하다. 꽁지가 저쯤 아름답다보니 고삐 풀린 인간의 상상력이 한가하게 놔 둘리 없

초록공작

_ 자궁에서 왕관까지 _

었겠다. 하늘의 여왕 헤라는 가장 매력 있는 새로 공작을 꼽았다. 남편 제우스가 처녀제관 이오와 사랑에 빠지자 헤라는 제우스와 한 바탕 사랑싸움을 벌인다. 그리고는 홧김에 희생당한 아르고스의 눈알을 공작의 꽁지마다 붙여 넣는다. 공작은 아르고스 눈알 무늬를 부챗살 모양의 깃털에 박아 자신의 몸을 우런 황홀하게 하고 말았다.

평소에 글과 그림 작업을 겸하는 나는 '쓰고' '그린다'는 사실만 빼고는 그 모두를 다르게 표현한다는 좌우명 하나를 지키는 중이다. 그런 때문에 그림을 시작하면서 나는 내심 "고유한 형태도 고유한 색채도 없는 나 자신만의 유일한 작업"이 그림임을 목표했었다. 쓴다는 것과 그린다는 것은 변개할 수 없는 예술생산의 기본영역이기에 쓰거나 그리지 않고 글과 그림이 어찌 태어나고 꽃피겠는가. 작품의 작업은 사시사철 새롭고도 특이함을 넘치게 하자는 것이 나의 회화에의 신념이다. 이 부분에서 나는 신도 부러워할만한 공작의 거만을 예술이라는 이름으로 투입하기로 한다.

그런 이후에는 공작과 주고받을 거래만을 남겨두고 있다. "공작 앞에서 내 미감을 어찌 발휘할까"라는 명제로 며칠을 고민했었다. 생각은 백 갈래 천 갈래…. 생각의 과녁에 꽂힐 만한 무언가를 끌어내는 일이 우선했다. 이 세월에 공작은 천

발이 길을 내다

_ 자궁에서 왕관까지 _

재들의 손끝에서 수수만가지의 형상으로 빚어져 왔다. 그런 터에 공작이란 자별한 대상을 두고 정말 '쓰고 그리는 일'에서 "새롭고 특이하게"를 나만의 작업적 신념임을 보여주고 싶었다. 고집도 고집 나름. 저 공작의 눈부신 거만을 어찌 화판에 옮겨야 할지가 점증되는 고심거리였다.

  생각 끝에 「초록 공작」이라 제목을 붙였더니 햇빛 앞에 마중 나온 한 그루의 공작 나무가 상상 중에 떠올랐다. 삼라만상이 숨 가쁘게 우거지는 로망스의 계절인지라 붉은 줄기 몸통만을 빼면 팔 벌린 한 그루의 초록빛 권력權力을 세워둘 수 있었다. 공작은 이내 환희의 중심에 걸어 들어왔고 심호흡 한 번으로도 드넓은 우주를 빨아들일 것 같았다.

세상에 하나뿐인 화덕, 화염산

　지금 나는 허수아비처럼 서서 거대 불길로 타오른 산비탈과 마주하고 있다. 눈앞에 불을 지핀 이 엉뚱하고도 파격적인 자연은 세상에 하나 밖에 없는 화염산火焰山이다.

　투루판吐藩 북쪽으로 100여 km를 길게 뻗어 내린 산맥의 한 지점이 화염산이다. 이 산의 최고봉은 851m이니 명성에 비하여 그리 큰 건 아니고 타오르는 불길보다는 불꽃 이글거리는 화덕이라는 표현이 제격이겠다. 허나 불덩이기는 하되 굳어진 바윗덩이라 불잉걸의 산일 수도 없겠고…. 여하간에 내 상상력의 전체를 압도해버린 파천황의 산과 지금 대면 중이다. 세상을 살다보니 우리네 지구상에 저리 엄청난 개성이 숨쉬고 있었나에 새삼 놀란다. 자연은 우리 인간에게 "틈만 나면 마술 같은 깜짝 쇼"를 꺼내주지만 저런 역설을 숨겨둔 대자연의 의중이 장히 궁금하기만 하다.

화엄산 -이 어처구니없는 불덩이

3부 _ 그리하여 인간의 다음 밥상은?

동서와 남북이 120㎞에 60여 ㎞의 길이로 늘어선 투루판은 이스라엘 사해에 이어 두 번째로 낮은 분지라고 한다. 화염산은 투루판 실크로드에서 볼거리로는 단연 엄지척일 것 같다. 이 산의 연중 강수량은 고작 16㎜에 증발량은 무려 3,000㎜라니 살인적인 찜통 무더위가 상시로 살아있는 곳이다. 10년에 한 번 꼴로 비가 내리며 여름은 지표온도가 60도까지 올라간대서 중국에서는 일찌감치 불이 이글거리는 고을, '화주火州'로도 불린 곳이다. 유감類感 주술에서 붉은 것은 피가 되고 끈적거리는 것은 정액이라고 믿듯 산의 붉은 기운만큼 화염산의 더위는 살인적이라는 표현이 마땅하겠다. 허나 머언 옛날에는 가도 가도 비만 내려 인간의 온갖 고뇌가 거대 불길로 타올랐다고 하니 이쯤 되면 역설과 아이러니로도 단연 절정이다.

이런 산이니 전설 몇 개 없었을까. 그 중 압권은 위그르 용사의 이야기다. 혈기 방장한 위그르 용사가 사투 끝에 사악한 용을 이기게 되는데 그 용의 피가 오늘의 화염산을 만들었다는 것. 손오공이 등장한 『서유기』 속의 이야기도 그럴싸하다. 천궁天宮에 살던 손오공은 일마다 말썽꾸러기였다. 이를 귀찮게 여긴 태상노군이 불길에 녹여버릴 심산으로 손오공을 붙잡아다 단노丹爐에 넣고 몇 날 며칠을 불을 때고서 뚜껑을 열었는데 순간 화로를 깨고 손오공이 뛰쳐나와 도망쳐 버렸다. 그 화로의 불씨들이 바위에 옮겨 붙고 계속해서 타들어가더니 지금껏 저리 불타고 있다는 것. 역설과 아이러니는 중첩되어 화염산의 겨울날씨 또한 영하 20도의 강추위가 이어진다. 『서유기』의 삼장법사가 제자들과 이곳을 지나 투루판으로 갈 때는 숨소리도 얼어붙는 2월의 혹한이었다.

인간 세상을 벌거벗겨도 화염산 만한 은유가 쉽지는 않을 것 같다. 그런 의미에서 화염산은 자연이 만든 거대 혁명이라는 표현이 제격이겠다. 이곳 화염산에서 서너 마리의 낙타를 매놓고 돈을 버는 허리구부정한 중국인의 검게 그을린 얼굴에서 화염산의 강한 화기火氣가 느껴진다. 이들이 무대 위에 올려진 시그널을 닮았다고 생각하니 비록 이야기이고 다른 나라의 자연이지만 우리들 시대에도 저리 멋진 수사법을 소유했다는 사실이 경이롭기까지 했다. 그 불길을 용케도 피해 나는 아무 일도 없었다는 듯 연신 상상의 바람개비를 돌리고 있다.

내 동네 내 나라에서는 만날 수 없는 드문 동물이니 촬영이나 해두자는 심산으로 화염산 자락의 낙타에 오른다. 생각해 보면 명검을 쥔 위그르 용사처럼 이제 사투할 용은 없어도 산이 온통 숯덩이가 될 때까지 이 세상에 단 하나뿐인 화덕에다 태양 같은 불을 담아 내 자신의 무른 부분부터 담금질하고 싶다.

내 평생의 동반자, 문학

운전하는 차에 내비게이션을 달았다. 장착한 사람은 나 자신인데 목적지를 귀신 같이 짚어내면서 빠른 코스만을 안내하는 내비게이션은 시종侍從 몇과도 못 바꿀 편리함을 제공한다. 인공위성이라는 공덩이 하나를 띄워서 이리 큰 혜택을 누리는 인간의 과학이 절로 감탄스럽다.

"필요는 발명의 어머니!!" 초등학교 시절, 무슨 말인지를 생각지도 않고 그저 만만해서 그림자처럼 달고 다닌 말이며 책갈피나 노트 빈자리에 틈만 나면 낙서하듯 써두곤 했었다. 그런데 그 말이 지금에 와서 이리 실감될 줄이야. 필요하지 않으면 발명도 없다는 말이나 '반드시' 필요하면 '반드시' 이룬다는 말이 이리 대단한 진리가 될 줄이야. 감히 말하건대 이 세상에 필요하지 않는데도 이루어진 것이란 없을 것 같다.

배가 고프면 수단방법을 가리지 않고 밥을 찾는다. 배고픔

태양 앞의 고독

3부 _ 그리하여 인간의 다음 밥상은?

가을 연리지

_ 자궁에서 왕관까지 _

을 해결하지 않고는 살아갈 수가 없는 거니까. 초등학교 시절에 그리도 부지런히 써 붙이고 다녔던 "필요는 발명의 어머니"라는 문구가 지금에 와서 자동차의 내비게이션이 되어 나타날 줄이야. 차를 운전하여 이동할 일이 많은 요즘 세상에 내비게이션이 없었다면 어찌 행선지를 찾아갈 수 있었을까. 주소든 전화번호든 입력만 하면 귀신 같이 길 찾아가는 내비게이션은 인간의 지혜가 얼마나 정확·정밀한지를 보여주는 한 사례가 되기에 충분하다. "지구촌의 남자들이여, 그대의 일상이 평안을 얻으려면 세 여자의 말을 들을지어다. 어머니에다 아내에다 내비게이션 속의 여자에다…."

내비게이션을 만든 인간이 이제는 내비게이션의 도움 없이는 한 발자국도 운행할 수 없는 현실이 되어 간다. 하문불치下問不恥라 했던가. 아랫사람에게도 배우는 것이 우리 조상들이 가르친 인간에의 훈육과 금도襟度였다. 마찬가지로 지금은 언제 어디서든 내비게이션을 앞세워 길 찾아가는 것은 자연스런 일상이 되었다. 생면부지의 지역에서 도로상의 턱 하나까지 짚어내는 우리 시대의 족집게 도도사가 내비게이션이니까. 그런 의미에서 내 운전생활에 내비게이션만한 동반자가 또 있을까.

문학은 너 나를 떠나 인간의 문제이다. 사람이 쓰고 사람이 담기는 게 문학이다. 풀이나 나무, 바위, 하늘, 바람, 태양을 노래하면서도 그들의 표정과 눈빛과 기질과 정신은 두루 인간을 동의하는 방향으로 흐르고 있다. 문학이 그리 되기까지는 시인이나 작가의 치밀한 작업이 뒤따랐을 것이고 이리 조합하여 이루어진 세계가 문학이기 때문이다.

시인이나 작가는 써야만 하고 쓰지 않고서는 못 배기는 숙명적 존재이다. 이들의 운명은 일방은 타고났고 일방은 훈련의 결과이다. 그런데도 잔뜩 빚에 쫓기는 채무자처럼 써야한다는 부단한 부채의식의 소유자가 이를테면 시인이나 작가인 셈이다. 시인이나 작가에게 반드시 써야만 한다고 강박한 일은 없었다. 허나 이들은 내려놓지 못한 창작에의 부채의식으로 밤 봇짐 싼 빚쟁이가 되어 문학으로부터 잠도 자고 꿈도 꿀 수는 없을까를 골몰하곤 한다.

이쯤에서 임마누엘 칸트의 생각 하나를 보태야겠다. 칸트는 자신의 『판단력비판』에서 노동과 취미를 상대적으로 언급하고 있다. 그에 따르면 노동은 대가 없이는 하지 않는 일이며 취미인 문학은 대가가 없이도 자신이 좋아서 하는 일이라 하였다. 그리고 문학은 세상이 바뀌고 문학이 대박사건의 중심이라 해도 그 일의 출발점은 언제나 취미의 문제였다.

또 하나, 나에게 문학이란 인간문제를 찾아 내비게이션처

백두대간의 색층 소나무들

3부 _ 그리하여 인간의 다음 밥상은?

럼 길 안내하는 등대라는 사실이다. 문학은 때로 내 자신의 지친 생을 위로하는 '따뜻한 손길'이기도 하고 내 생의 앞날에 불빛을 보내는 등대이기도 하다. 우리네 생의 주변을 위성처럼 떠다니는 '사건적 사물들'을 문학이라는 내비게이션에 담아서 어두운 밤길 같은 세상을 대목대목 길 찾아간다는 의미이다. 그런 때문인지 이날 평생 문학이라는 내비게이션은 내 생의 여정을 신통하게도 지시하고 안내하는 참 편리한 동반자였다.

추가할 것이 있다. 내 생의 레일에 올라타고 언제 어디서든 움터서 목적지까지 굴러가는 바퀴 같은 존재가 문학이다. 잎이 벌고 꽃피고 열매 맺을 때 문학이라는 내비게이션이 없었다면 나는 도리 없이 개천 나무라는 심봉사 꼴을 못 면했을 것이다.

하기 좋은 말로 문학에 대해 나는 역할을 지시하는 행위자이고 창작하여 내보낸 작품들은 내 행위가 빚어낸 배설물이라 할만하다. 그런데도 문학은 내 신변에서 분리할 수 없는 사정거리에 위성돌기 하는 운명적인 풍차돌기나 동반자라는 사실이 이날까지 이어지고 있다. 임어당이 말했다던가. '내 정년은 내 임종 전날까지'라고. 기왕 여기까지 왔으니 이후로도 문학이 내 임종까지를 지키는 생의 도반이기를 기도한다.

4부

키가 자라는 山들

산들의 여름 1

키가 자라는 山들
— 백두대간은 사람이고 환상잔치다

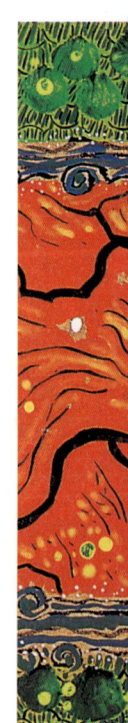

　지도를 펴든다. 옆으로 누운 사람 닮은 생명체 하나! 한반도다. 한반도는 척추가 느린 강물처럼 남서향으로 흘러내린다. 그 척추에서 갈비뼈 형상의 산맥들이 나뭇가지처럼 힘 있게 뻗어있다. 백두대간이다. 이들 산맥은 저마다 강의 흐름을 동행하는 호위병처럼 함께하다가 바람막이처럼 둘러 서 있다. 서로의 방향대로 동해와 서해, 거기에다 숨차게 달려내려 온 남해를 두고 저마다 독특한 지형을 이루는 강을 키우고 바다로 흘려서 간다. 살수대첩으로 우리에게 익숙한 청천강의 위아래에 청북정맥과 청남정맥이 뻗어있다. 그러니까 위쪽이 북이고 아래쪽이 남이다.

　황해도 해주 방향으로 뻗어 내린 해서정맥, 예성강과 임진강을 중심에 둔 임진북예성남정맥이 동행한다. 한강 주변에는 한북정맥과 한남정맥이, 금강 위아래는 한남금북정맥, 금

산은 물을 안고 물은 산을 기르고

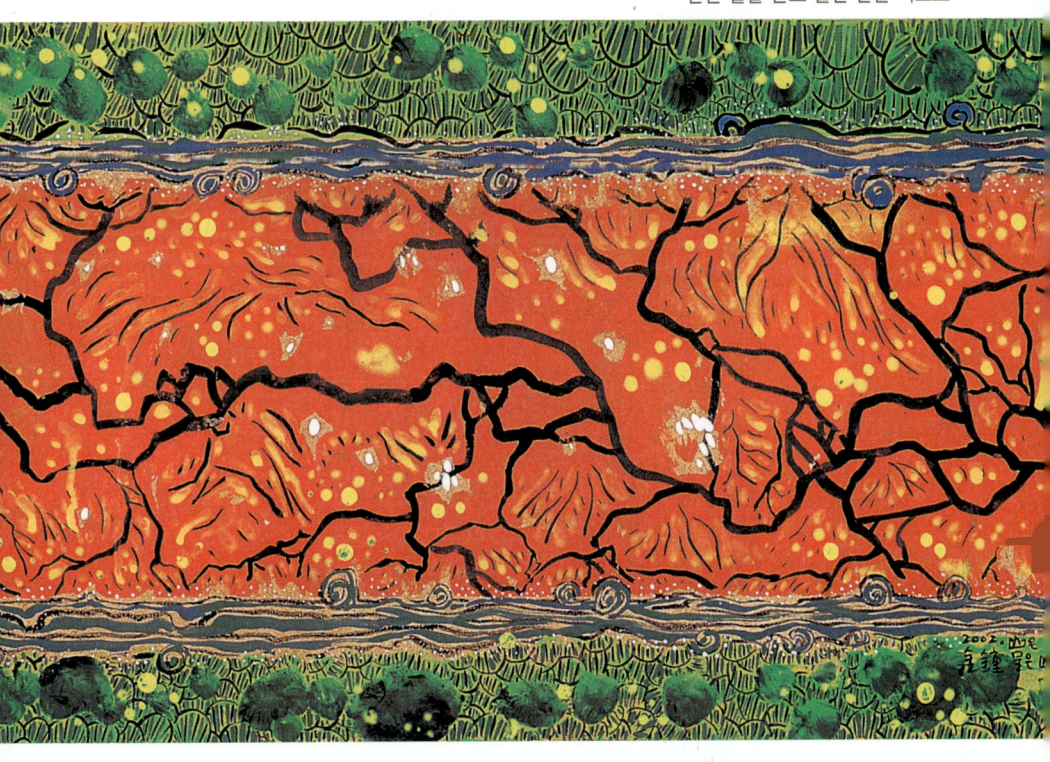

4부 _ 키가 자라는 山들

山川의 층층시하

북정맥, 금남정맥, 금남호남정맥이 젖먹이 아이를 돌보듯 강보에 싸여 흐른다. 영산강을 정중히 모신 채 뻗어내린 호남정맥, 낙동강의 동쪽과 남쪽에 낙동정맥, 낙남정맥 등이 대동하면서 이 나라 국토는 각각 1개의 대간과 정간 그리고 갈비뼈 형상을 한 13개의 정맥이 국토를 지탱하는 근골의 형태로 흘러내리고 있다.

언제부턴가 나는 실제 오르기도 하고 상상으로 떠올리기도 했던 백두대간을 습관처럼 더듬어보곤 한다. 외진 곳에 한라산을 세워두고 줄줄이 사탕처럼, 아니 진주목걸이처럼 지리산, 태백산, 설악산, 금강산, 묘향산, 백두산…등등을 곶감처럼 꿰어가자면 그야말로 이 땅은 백두산에 걸쳐진 진주목걸이가 따로 없었다. 이름 하여 '한라에서 백두까지'. 이를 생명체적 연관성으로 보면, 형성한 이 나라 '조선'의 근골로 국토의 미감과 정신을 물씬거리게 한다.

'조선朝鮮'은 오천년을 한결같은 아침의 나라로 이어왔다. 조선이란 사직社稷은 유구한 역사만큼 수많은 시련과 질곡들이 굴비두릅처럼 점철되어 있다. 상대하기가 버거운 주변 국가들과 늘상 바람 앞의 촛불처럼 꺼질 듯 꺼질 듯 위태로운 세월을 버겁게 버겁게 지탱한 것이다.

한마디로 백두대간은 든든하게 등 받쳐진 이 나라 국토의

만물상의 봄

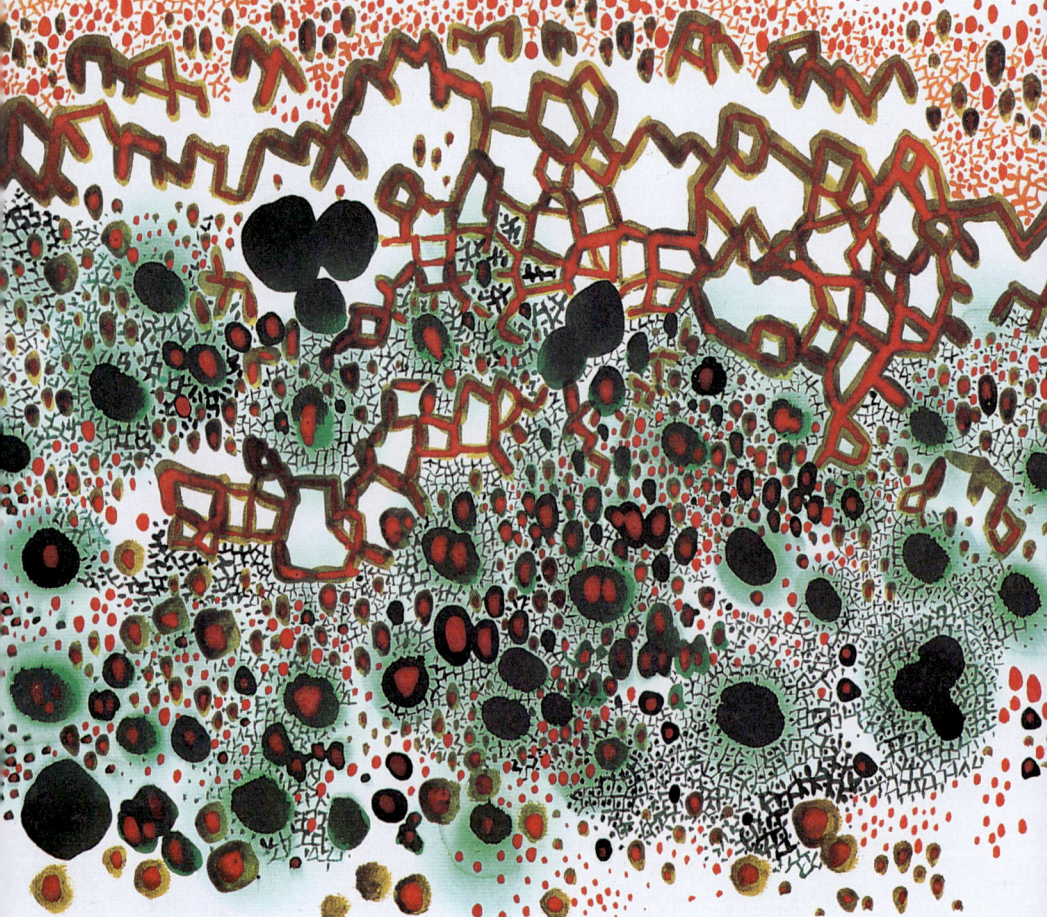

_ 자궁에서 왕관까지 _

지정학적 척추이거나 버팀목이었다. 그것들 하나하나가 의미를 만들고 질서를 이룬 백두대간에서 언제부턴가 신앙처럼 품어온 정신 하나를 가꾸고 싶었다. 백두대간은 이름 자체로도 생명체의 골격 이름이며 넝쿨식물의 줄기처럼 강건한 흐름으로 이 나라 국토를 뻗어 내렸다. 그들은 신기하게도 밑자락에 강물을 동반하고 이 오랜 세월을 산들의 높이와 키재기 하고 있다.

산은 앉은자리에서 언제나 물을 대동했었다. 백두대간을 읽어보면 이 같은 산과 물의 현상은 움직일 수 없는 진리의 하나였다. 높은 산은 그 아래 품을 열어 더 깊은 물을 흐르게 한다. 흥미로운 것은 산은 항시 품을 열어 물을 안았고 물이 더 잘 흐르도록 도와주면서 그 흐름을 멀리까지 지켜 주었다. 물도 응답의 형식으로 산들의 밑뿌리를 적시면서 산들을 오늘의 키로 자라게 하였다. 이러다 보니 아무리 높은 산도 물을 막아서는 일이 없었고 물 또한 산들의 키를 오늘의 높이로 올려 세웠다. 두 개의 사물이 보인 이 같은 현상을 두고 어찌 예사로운 일이라 하랴.

아, 그래! 산과 물은 그 높낮이가 하나는 높고 하나는 낮아 상호 정반대이다. 그런데도 이들은 만물의 영장이라면서 싸움에나 골몰하는 인간과 달리 상생相生의 관계로 조화롭게 어울리고 있다. 산과 물이 보인 상생의 정신은 마치나 인간세상을 향하여 상대와 어울리지 못하는 현실을 꾸짖는 것만 같다. 나는 오늘도 산과 물이 보인 상생의 정신을 배우러 백두대간을 오른다. 상상으로도 오르고 스틱을 짚은 등산복 차림으로도 오른다.

　짚어 가면서 오르는 백두대간은 그 무엇과도 견줄 수 없는 거대 미학의 별천지였다. 그 어떤 정신으로도 넘어 설 수 없는 돌올한 사상의 집산지이기도 하고. 지금 내 앞에는 '백두대간'이라는 이름의 생명체가 풋풋하고 돌올한 형상으로 연신 눈짓을 보내온다. 보잘 것 없는 한 화가의 붓질임을 번연히 알면서도 일 나간 남편을 염려하여 멀리까지 마중 나온 백제의 여인처럼 대문 넓은 집 앞에서 나의 귀가를 기다리고 있다.

사과 속의 씨앗·씨앗 속의 사과

주말에 운주사를 다녀왔다. 입구에서부터 눈짓을 보내온 석탑이며 석불들을 만나면서 새삼 행복한 눈요기의 시간이었다. 어느 때 사람들이 무슨 목적으로 저 많은 부처와 탑신을 깎고 다듬고 세웠을까. 궁금증은 커지건만 불가사의는 여전하다. 초등학교 시절부터 필자에게 소풍 단골코스였던 운주사는 지금까지 줄잡아 100여 차례는 다녀온 친근한 산책지인 셈이다.

운주사뿐이 아니고 시간나면 들르는 곳이 사찰이다. 신앙을 떠나서도 사찰은 도회지 생활에서 지친 사람들의 심신전환에 요긴한 대자연의 집합소이다. 사찰에 가면 눈여겨 볼만한 게 한두 가지가 아니다. 종교적인 견지에서부터 풍경이나 문화재까지 대목대목 짚어보면 심신엔 맑은 피가 돌고 흡사 구름 탄 손오공이라도 된 듯 너른 하늘을 마음껏 떠다닐 수

마음의 눈들

_ 자궁에서 왕관까지 _

있다. 대웅전에 들어서면 부처님의 자애로움이 봄 햇살처럼 퍼지고 요사체며 종각의 동종이며 주련의 명구들하며 사찰의 역사까지 참 많은 것들을 살피고 생각게 한다. 우리네 사찰 체험은 사찰 내에 산재한 많은 문화재와의 조우인 것이며 신심 가진 이들의 종교적 목적 외에도 역사와 사상과 문화재의 가치까지를 접하고 배우는 더 없이 좋은 기회이기 때문이다. 사찰 측으로도 제 발로 찾아와서 제 돈 내고 매표하여 진입한 사람만으로도 인산인해라는 것, 이 어찌 크나큰 분복이 아니랴.

 그런데도 불교 쪽 후손들은 물려받은 복주머니도 나 몰라라 손 놓은 형국이기 십상이다. 더 멀리 생각하고 말 것도 없다. 찾아온 입장객을 상대할 전담강사 한 사람만 배치하면 불교에 대한 기초부터 갖가지 진리를 강의할 수 있을 것이다. 물론 입장객 중에는 종교가 다른 이도 있고 무종교자도 있겠지만 그 누구든 친절하면서도 실력을 갖춘 강사의 강의라면 경내에서 떠 마신 약수 한 사발처럼 시원한 감동을 선사할 것이다. 선지식이 갈급한 사람부터 식견이 넘치는 사람까지 누구나 거쳐 가는 자리에서 듣게 되는 불교학 강의는 제공하는 측이나 제공받는 측이나 쌍방이 윈 윈 하는 파라다이스에 다름 아니다.

축일

_ 자궁에서 왕관까지 _

흐르는 물은 언제든 물레방아를 돌릴 수 있다. 상대방의 종교는 굴속의 쥐도 파낼 만큼 적극적인데 불교 쪽의 선교 현실은 손에 쥐어준 것도 수수방관하는, 갱내의 막장처럼 답답한 게 현실이다. 필자는 오래전부터 이 같은 생각을 관계요로에 전달하기도 했었는데 들을 때는 반색하다가도 그 다음은 꿩 꿔먹은 자리처럼 잠잠해진다. 이래서 불교는 늙었다느니 할 일은 손 놓고 잿밥타령만 한다느니 별의별 소리를 듣게 되는 것이다. 지도자 선출에는 각목부대를 동원할 만큼 세속적이고 폭력적인데 정작 자신들의 일에는 모르는 건지 알고도 손 놓은 건지 수수방관 그 자체다.

불편할지 모르지만 필자 같은 제3자의 생각은 불교계에 대한 애정을 전제한다. 입장객을 상대로 둘러볼 코스를 만들고 그 한 대목쯤에다 불교에 대한 기초적 지식에서부터 사찰의 역사, 문화재의 이해 등등을 5분 내지 10분만이라도 들려주면 입장한 사람들은 물론이고 종교적 견지에서도 후일 대단한 재산이 될 수 있다. 이 때문에 다시 찾는 계기를 만들 수도 있고 아예 불교를 신앙하는 신자가 나올 수도 있다. 어느 구름에 비 내릴지를 어찌 알겠는가. 사과 속의 씨앗은 셀 수 있어도 씨앗 속의 사과는 셀 수 없는 법, 오늘의 불교계가 진흥을 위해 귀담아 들어야 할 이정표적 고언이 아닐 수 없겠다.

사랑이 사탕이란 말, 맞다

『내 입에 들어온 설탕 같은 키스들』이란 산문집을 읽었다. 제목만으로도 이 책은 많이도 짜릿하다. 혀를 굴리기만 해도 달달한 사랑이 입으로 들어와 콩사탕처럼 둥글둥글 잘도 닳아지는 책이었다. 아, 사탕의 달달함이 어찌 이리 닳아지기만 하는 건가. 사랑의 감미로움이 녹거나 줄지 않는다면 사랑은 인간 세상에 남은 지독한 애물단지였을지 모른다. 사랑이 감미롭기만 하다면 누군들 빨아먹지 않으랴. 사랑을 사탕이라 생각한 순간부터 내 자신 또한 사랑을 아껴먹으며 예까지 왔으니까.

사랑이 사탕이란 말은 달달함으로 연명이 가능하던 시절만큼이나 간절한 말이다. 그러나 사랑이 사탕 같을 때만 그렇다는 얘기지 사시사철 사랑이 사탕 같기만 하다던가. 사랑이란 때로는 건곤일척으로 덤비는 사생결단일 수도 있고 목구멍

거울 속의 연인

4부 _ 키가 자라는 山들

가득 넘어온 고심참담에다 밧줄 없이 오르내린 천길 절벽일 수도 있다. 아니 이 많은 절망 중에도 생신한 것은 변색 없는 사랑이다.

  신들도 사랑 앞에선 술수와 야합으로 갈등을 거듭한다. 합종연횡이다가 끝내는 칼 빼든 결투로 승부하면서 인간이 신을 닮기보다는 신이 인간을 닮은 건 아닐까를 생각게도 한다. 사랑이 뭐 길래 의심 한 번 없이 왕관도 벗어던진 인간의 일을 신이 그대로 따라하는 것일까.

  손가락만 꼽아서는 헤아리기 어려운 게 사랑의 일이다. 사람의 경우 이 지구를 가득 채운 그 많은 관심사들이 고스란히 첩첩 사랑이었을 테니까. 그리 보면 인간 세상에 사랑만큼 복잡 미묘한 거래도 없을 성 싶다. 태어나서 죽을 때까지 인간이 소유한 생生의 총량을 태산과 맞교환하면 그 높이를 잠기게 할 에너지가 지금 내 앞에 밀려와서 바다처럼 물결친다. 사랑의 에너지는 세상을 불태우기도 하고 혹한을 녹인 자리에 새도 울고 꽃도 피게 한다. 그래서 꽃들은 색깔도 크기도 개화 시기도 저마다 다르건만 악마도 좋아할 만큼의 매력을 열어보이는가 보다.

  삼라만상의 중심에는 노상 예의 그 사랑의 양광이 뙈리를 틀고 있다. 사랑은 능소능대하지만 한편으론 방정맞고 상종

보물섬과 달

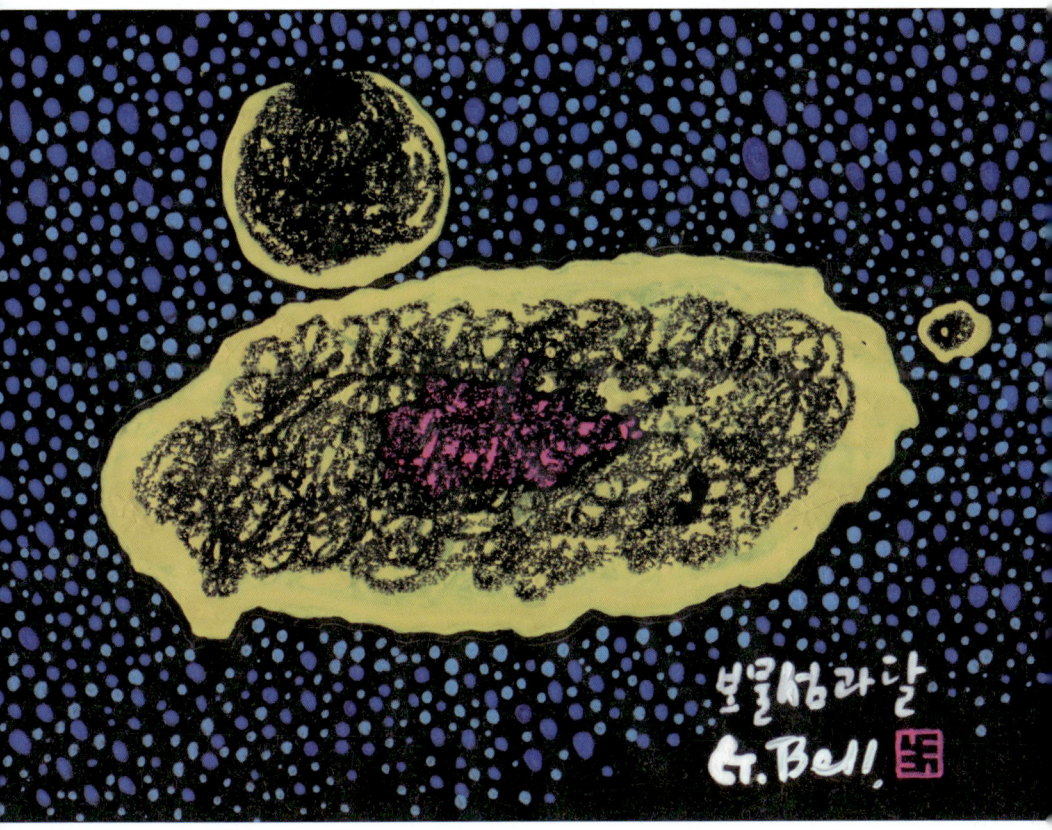

4부 _ 키가 자라는 山들

못할 요물단지이기 십상이다. 그리스인들의 역사에는 인간이 끌어들인 신들의 사랑을 해프닝의 형식으로 엮어놓은 갈등과 투쟁의 역사였다. 그들에게는 너와 내가 밀고 당기는 사랑의 '밀땅'이거나 바턴 첸지로 이어달린 밀물썰물의 핑퐁게임이 곤 했었다.

하나의 가정이지만 문학의 주제에서 사랑을 빼면 무엇이 남을까. 성경에서 읽은 '쭉정이'도 아닐 테고 사계절을 변주하여 노래하는 샘물은 더더욱 아닐 테고, 어쩌다 중국 같은 광활한 나라에서 로맨스 없이도 성공한 삼국지, 서유기 등이 문학으로 읽히기는 하나 그럼에도 예술이 담아낸 절대 명제가 사랑인 것은 그 무엇으로도 부인하지 못한다.

화원花園은 사랑의 결과물이 한자리에서 꽃피었다는 말이다. 그리고 눈길이 머무는 곳 어디에도 사랑은 연둣빛 생명이고 예쁜 열매를 뽐내듯이 노래한다. 지난 계절의 나는 이 굽이 저 굽이의 산자락으로 얼굴을 가리고 펑펑 울면서 써 내린 편지 한 통을 여직 부치지 못한 채다. 부칠 수 없었기에 산자락을 가림막 삼아 울 수밖에 없었던 청맹과니였다. 오천년 전의 두 남녀가 전설 속에 묻혔다가 화석으로 발견될 때의 그 가슴 환한 사랑의 장면은 어느 시대건 맨 처음처럼 진행형이지 완료형은 될 수 없다는 얘기를 현실로 보여주는 일이었다.

그리 보면 세상을 덮어 누를 만큼 덩치 큰 미움의 맹독성을 퇴치하는 절대한 처방은 사랑뿐이라는 생각이다. 그리고 인간 세상의 그 많은 슬픔을 생신하고 발랄한 청춘의 에너지로 바꾸어 가면 하늘을 나는 두 마리 새의 즐거운 비상을 그림처럼 보게 될 것이다.

  추진력 삼은 사랑에 촉을 틔우면 우듬지마다 하늘하늘 연두색 새순들이 손을 흔든다. 생生의 구석자리에서 날개 꺾인 사랑으로 몸져누워 신음하던 나의 지난날이여. 세상 사람의 처마에는 봄바람 같은 사랑이 새떼처럼 쉬지 않고 날아든다. 지금 우리는 온몸에 퍼져나간 사랑의 짜릿함으로 바삐 뜨거워지고 깊이 멀리 우거진다.

  다시금 되뇐다. 사랑은 사탕이라고.

태양이여, 꿈꾸는 엽록소여!

　태양 아래 걸어가는 사람을 생각한다. 사람 아닌 그 무엇도 태양 없는 생존이 가능할까? 살아서 빛나는 태양은 세상만물에게 자신의 생명에너지를 무제한 투하한다. 어느 날 태양이 이 지상에서 사라졌다 치자. 어찌 밤낮이 존재하고 음양의 생성이 어찌 가능하겠는가. 태양의 출현으로 우리는 숨 쉴 수 있고 지칠 줄 모르는 걸음걸이로 존재적 향상을 재며 상대에게 나아갈 수 있다.

　나는 태양을 생각하면서 우리 인간도 나무와 진배없다고 생각한다. 나무는 햇빛을 받아 탄소동화작용을 일으키고 엽록소를 만든다. 그 에너지로 잎을 키우고 꽃을 피워 열매를 맺는다. 나무가 태양 없이는 잎과 꽃과 열매를 낳을 수 없듯 우리 인간 또한 넘치는 에너지를 자양분 삼아 어찌 생명의 영위가 가능할 것인가. 그리 보면 고대 원시사회에서 태양을 숭

달 걸어둔 나무와 나무들

4부 _ 키가 자라는 山들

나무의 시

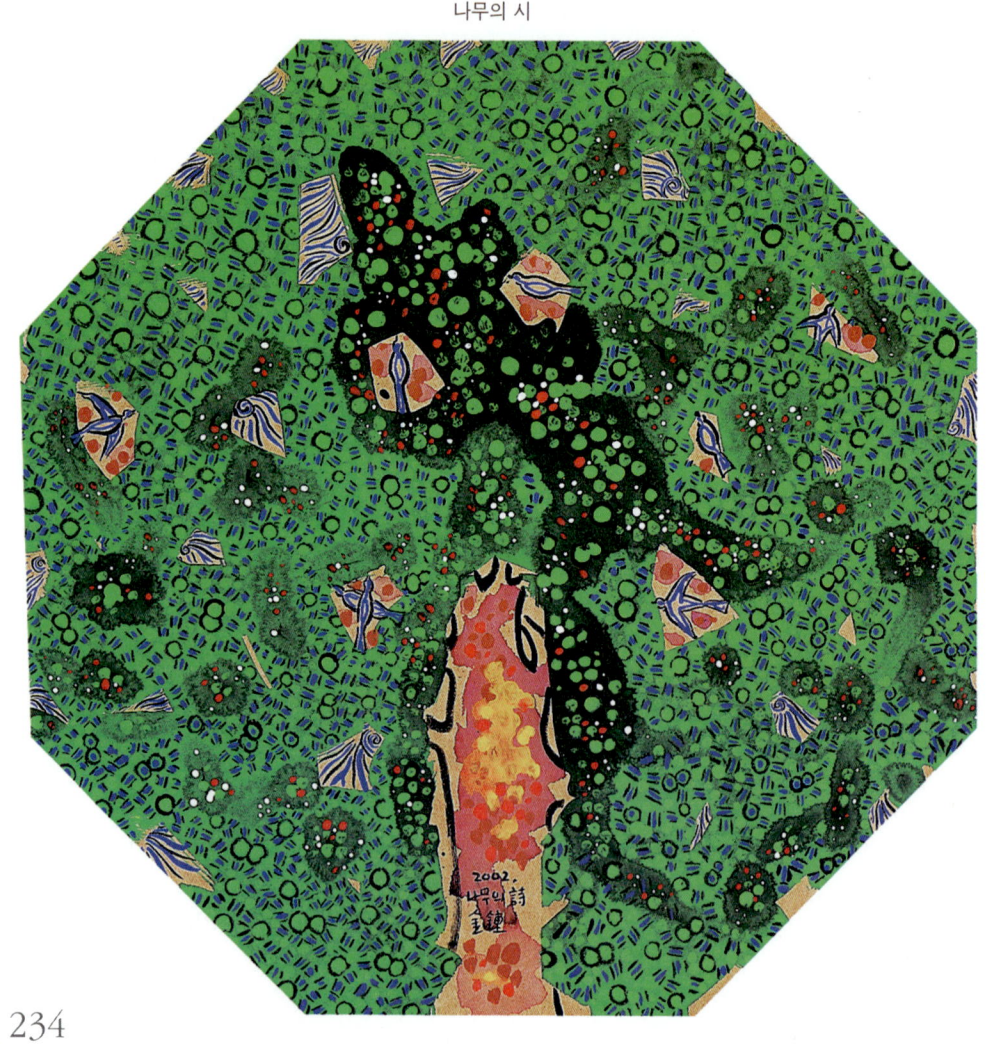

_ 자궁에서 왕관까지 _

배하던 사람들의 일을 이해할 것도 같다. 바로 그 태양으로 하여 이 세상의 존재에게 노래를 들려주고 희망을 선사했을 테니까.

성경에도 지상의 양식糧食으로 '빛과 소금'을 이야기한다. 이 두 가지만 있으면 생명세상이 들꽃처럼 피어나고 오만가지의 화평과 희망이 솟는다. 그러기에 바슐라르도 "시인에게 태양은 하늘의 눈"이라 하였다. 구약성서 말라기에는 "내 이름 두려운 줄 알았으니 너희에게는 승리의 태양이 비쳐와 너희의 병을 고쳐 주리라."는 말씀이 나온다. 여기에서 화자는 절대자이신 '여호와'다. 인간이 승리의 태양을 믿기에 여호와를 신앙하고 그 대가로 병든 자를 치유하겠다는 약속을 받아 낸다. 절대자의 외경이라야 뭇 존재들이 생존할 수 있다는 의미이겠고 태양이 지닌 절대 이미지를 접목하라는 주문이겠다.

시몬 베유의 『노동일기』에는 "다만 엽록소라는 성분만이 우리 대신 태양 에너지를 얻어낼 수 있으며 이 에너지로부터 양식을 만들어낼 수 있는 것이다. 다만 노력을 기울임으로써 땅을 적절히 이용하기만 하면 된다. 그러면 태양 에너지는 엽록소에 의해서 고체로 변화하여 우리의 빵과 포도주, 기름, 과일이 되는 것"이라고 하였다. 태양을 걸어야 비로소 가능한

더위 먹은 당산나무

일용할 양식과 빛나는 희망의 송가를 언급할 수 있었다.

　지동설 이전까지는 고생고생 땀흘려가며 태양이 지구를 돌았었다. 그러다가 어느 날 지동설이 등장하면서 역할은 바뀌게 되고 지구가 전력을 다하여 태양의 둘레를 돌게 되었다. 지동설 이후 태양이 중앙에 위치하고 한 시도 쉬지 않고 지구가 그 주위를 돌고 있다. 지동설로 입장 바꾸지 않았다면 지구의 오늘의 수고는 고스란히 태양의 몫일 턴데 괜시리 인간의 두뇌가 찾아낸 지동설로 지구만 고된 신세가 되고 말았다. 이제는 다시금 옛날의 천동설로 태양의 수고를 되돌린다 해도 태양이 순순히 받아 줄리 없다. 이리 보면 인간의 생각대로 태양과 지구가 시시각각 변하는 역할에 따라 그 상황이 바뀌는 형편인 것이다. 다만 천동설이든 지동설이든 인간의 삶은 그대로인데 태양과 지구의 역할만 바뀌었을 뿐이다.

　이나 저나 태양의 권능은 만고불변이다. 그러나 그 같은 만고불변의 권능에도 지울 수 없는 흑점이란 게 있다. 한 그루 나무와도 같은 인간은 태양을 빌어서 생의 에너지를 만들지만 태양은 태양대로 뭇 생명들을 향한 노심초사가 깊어져 '흑점'이라는 가슴앓이를 한다.

　태양 앞에선 태양족만 춤추고 노래하고 환호하는 게 아니다. 그 파격적인 극지방의 기상조건에도 태양은 어김없이 그들과의 조화를 좌우지한다. 비추면서 받아내고 받아내면서 비추는 태양은 삼라만상에게 햇빛을 사통팔달 에너지 만들어 쉬지 않고 피돌기 한다. 인간의 정신에 진정 태양을 경작하는 엽록소(문학)란 기적이 없었다면 인간은 어떤 세상을 꿈꾸고 도전했을까.

호랑이를 만나도 호기심과 간다

　살아가자면 부득불 어불성설語不成說과 어울릴 때가 있다. 어불성설이 떠오를 만큼 말이 안 되는 억지투성이와 어울려 겸상 받고 식사하는 경우 같은 것 말이다. 그러나 세상사 긍정·부정을 합쳐 갈지자로 걸어가는 어불성설이 어찌 한두 가지인가. 당초부터 어불성설이란 없었던 것이고 그 같이 존재하지 않았음을 받아들이는 얼토당토 않은 것 이상도 이하도 아닐 터이다. 사물의 의미적 세계를 규명하고 찾아가자면 그 존재의 의미 또한 필연이다. 어불성설과 필연은 하나의 지점에서 동일한 조건으로 만나는 경우가 많다. 극과 극은 통하는 법이다. 처음과 마지막이 한집 살이 하는 '터미널'이란 말과도 통하는 동일이치랄까. 내 지식이 못 미치기에 설명할 수 없고 표현마저 불가능이기에, 그 모든 게 무용한 어불성설의 의미적 몸피만 커지고 만다.

더구나 기준도 없고 달리 방법도 없는 게 출구부재의 어불성설이기에 그 정체를 찾아 나설 때는 이미 미로게임처럼 어불성설의 사건적 실체는 늘상 혼미함 그 자체다. 죽을힘을 다하여 출구를 벗어나면 아가리 벌린 또 다른 입구가 '너 잘 왔다'식으로 기다리고 있는 것처럼 세상사 끊이지 않는 줄 사태가 어찌 한두 번이던가. 그럴 때면 정신이 번쩍 들고 온몸에는 땀범벅이 된다. 무엇으로도 끝날 것 같지 않는 이 미로를 어떻게 벗어난다? 호랑이 밥이 되지 않고 급류에 떠내려가지 않고 오리무중으로 열려 있는 출구를 벗어나야 할 때 출구 찾기가 생각처럼 쉽던가 말이다. 허나 출구 찾기는 등줄기에 땀이 나고 심한 심리적 부담이 따르지만 거기에는 호기심 또한 동반한다. 이 호기심 맛에 우리가 사는 세상에 그 많은 탐색과 모험이 감행되었을 것이니까.

예술은 어느 의미에서 어불성설과의 여행이고 동거이다. 그리고 이들과의 치열한 싸움이라고 할 수 있겠다. 무난한 것, 능란한 것은 예술이 아닌 단순기능일 뿐이다. 눈을 감고도 갈 수 있는 손쉬운 길 가기일 뿐이라는 얘기다. 어찌 무난한 것들과만 나란한 거리에서 충돌 없이 싫증내지 않고 살아갈 수 있겠는가. 어찌 능란한 것들과만 오순도순 머리 맞대고 마땅한 거리를 유지하며 살아갈 수 있겠는가. 예술이 무난하

태양을 지키는 새들 1

4부 _ 키가 자라는 山들

태양을 지키는 새들 2

_ 자궁에서 왕관까지 _

거나 능란하기만 하다면 세상에 이보다 지루한 일은 없을 것이다. 우리 살아온 세상엔 기능이면서 예술이란 이름으로 행세하는 것들이 얼마나 많던가. 기능은 반복 횟수만큼 손쉽고 노련한 것이다. 반면에 가도 가도 서투른 초보자의 걸음마 같은 작업, 미로게임 같은 길 찾기에서 발견한 신대륙이 예술이며 우리가 밤새워 이룩한 고심참담한 작업적 성과를 이름이 아니겠는가. 그래서 나는 일찌감치 이런 결론을 내렸다. 예술인가 아닌가의 감별법은 일회성의 미로찾기인가 반복성의 길 가기인가의 문제라는 것.

예술을 떠올리며 어불성설을 다시금 생각한다. 예술은 상식과는 담을 쌓은 어불성설 그 자체가 아니겠는가. 그런데 그 같은 어불성설에다 숨결을 불어 넣었더니 피가 돌고 생명의 온기가 퍼졌다. 하느님이 인간을 창조할 당시를 고스란히 되풀이하는 일이 우리가 예술이라는 이름으로 펼치는 작업이 아니겠는가. 어불성설의 회로 찾기는 당혹스런 면벽의 세월에 다름 아니다. 앞산에 가리면 언제든 뒷산은 보이지 않게 된다. 우리가 마주한 앞산을 넘으면 다음 산이 기다리고 그 산을 넘으면 그 다음이 기다리고…. 계속 이런 식으로 가다보면 산을 넘고 또 넘어야 할 산을 만나고…넘고 또 넘어야 하는 숙명의 정상 오르기가 어찌 노련함으로 가능한 일이겠는가.

  나는 오늘도 '어불성설의 어디쯤'에서 파릇한 감동이 나풀거릴까를 궁리한다. 어불성설과 동거하며 어불성설과 더 먼 길을 가야 하는 예술이라는 운명이 휘파람이라도 불 만큼 설레기 때문이다. 예술이란 더 많은 어불성설과의 동행이며 가는 길 찾기이다. 이들 어불성설의 산맥 같은 흐름이 내 주변을 에워싼다. 그런데도 골머리가 아프기는커녕 즐겁고도 짜릿하도다. 짜릿하고도 즐겁도다.

'시인'이란 말, 싱싱하다*

봄꽃들이 요란한 계절에 독서를 끝낸 책이 『꽃이 져도 너를 잊은 직 없다』이다. 다소 길다싶은 책 제목에다 쉰여섯 시인의 시편들을 이문재 시인이 골라서 엮었고 작품마다 평설까지를 덧댄 141쪽 짜리 시집이다. 이 책 속의 작품들은 이문재 시인이 모 일간지에 '시가 있는 아침'을 연재하면서 선정한 이유는 이렇다. "한 편의 시가 독자들의 삶을 비춰보는 거울이었으면 바랐다."면서 교과서나 문학 연구자들이 뽑아놓은 '명시' 반열의 작품과도 거리가 있고 너무 무겁거나 어려운 시들, 메시지가 강한 시들, 많이 알려진 시들은 제외했다는 단서를 달았다. 그러니까 부담 없이 어디서나 만날 법한 무던한 작품 위주로 묶었다는 얘기가 되는 셈이다.

좋은 시란 항용 인간을 비춰보는 거울의 의미가 다분하다. 등불 켜듯 가슴이나 머리에 복사열처럼 깨달음이 번져오는

산들의 여름 2

_ 자궁에서 왕관까지 _

작품인 경우도 많다. 한 편의 시가 보태지면 세상은 이전의 모습과는 동일하지 않다. 좋은 시는 그만큼 삶의 방식과 의미를 바꾸면서 둘러싼 자기 주변과 세상에 대한 이해를 돕고 진실에 다가간다. 그런 의미에서 이 책의 갈피갈피엔 접어가면서 읽거나 아예 외워버리고 싶은 작품들이 수두룩하다.

  엄밀한 의미에서 시는 교조적 선언이 아니다. 경제 논리를 선도하는 특효 처방이거나 인간세상의 불의를 치유하는 만능 선藥은 더더욱 아니다. 그러나 시는 영혼으로 하여금 말하게 하며 상처와 깨달음까지를 물들게 하는 비상한 문자행위로서 단연 으뜸이다. 좋은 시편들을 볕 잘 드는 시렁에 굴비두릅처럼 묶어두고 밥맛 돋우고 싶다는 내 평소의 생각을 이 책이 오롯이 담아내고 있었다.

  시의 맛은 미주알고주알 까발린 길고 지루한 이야기 속에 있지 않고 촌철살인의 생략과 반전을 체험하면서 도달하게 한다. 요컨대 식상하던 일상성을 벗고 호기심이 동할 만큼을 기웃거리며 보고 만지고 읊조리면서 터득한 자별한 느낌, 이것이 시를 읽는 재미가 아닐까.

  낭만주의의 3대 시인이라 불리는 셸리Shelley는 시인을 "비공인 된 입법자"라 하였다. 누구도 시인더러 사람 세상에 법을 지으라 한 일이 없건만 누에가 고치를 짓듯 인간살이의 맛을 시인이 계속해서 지어왔다는 것이다. 비교할 수 있는 자리에 청나라의 평론가 김성탄金聖嘆은 "시인은 조물주의 미진한 능력을 보충해 주는 사람"이라는 통 큰 정의 또한 내렸었다. 셸리보다는 진일보한 김성탄에게서 당초 조물주가 손 못 댄 부분까지를 새롭게 의미 짓는 사람이 시인이라는 것이다. 거창한 감이 있지만 시인은 이 같은 자존감 위에서 태어나서 길러지고 꽃피어난 존재는 아닐까이다.

소개한 『꽃이 져도…』에 담긴 시편들은 저마다 작고 하찮은 일상적 현상들을 풀꽃만한 눈동자로 불 밝힌 등롱들이다. 그런데도 이들은 세상의 그리움 위에 간절한 아름다움을 걸쳐 가득 화원을 짓고 있다. 시대와 사회가 경제논리에 밀려서 심각히도 퇴폐 내지는 노화현상을 겪고 있는 요즈음, 빵만으로는 안 된다는 교조주의적 생각들이 우리네 하루하루를 지켜가고 있다.

나는 평소 아무리 어려워도 '대한민국'은 무엇이든 가능하다는 생각을 한다. 독자수가 적다는 시, 그래서 더더욱 시시하다는 시, 시인은 그 시시함을 감내하면서 한사코 시를 창작하는 사람이라는 역설적 표현이 지금처럼 싱싱하고 힘찰 때가 없었다. 굳이 시시하다는 한 편의 시가 이처럼 싱싱하고 힘차다는 말은 다른 데 있지 않다. 힘 가졌을 때의 정치와 경제는 무소불위에다 장엄하고 으리 번쩍하다. 그러나 이들이 물 빠진 자리에는 죽음 같은 폐허만 남는다. 그 죽음 같은 폐허 위에 새살이 차고 새 생명을 키우는 것은 다름 아닌 그 시시하다는 한 편의 잘 여문 시 작품이다.

  시가 빛나는 것은 자리를 겸한 순간의 생광이다. 그 자리와 순간의 빛살들이 인간세상의 영혼을 바쁜 손놀림으로 뜨개질해 간다. 어찌 개울물 소리를 듣지 않고 또 다른 개울물 소리를 그리워하랴. 그런 의미에서 『꽃이 져도…』에 담긴 쉰여섯 편의 에스프리는 우리네 시야에 울림을 짓고 감동의 언덕을 출렁이게 하는 거대 강물이었다.

'지금'과 '여기'만을 살자

　살아가자면 부대끼는 일도 많고 부딪치는 일도 많다. 쉽게 해결되는 일이 있는가하면 용을 써도 별무소용인 경우도 있다. 날듯이 즐거운가 하면 애태운 가슴을 쓸어내리며 적이 안도하기도 한다. 심할 때는 생을 포기하고 싶을 만큼 치욕의 벼랑 끝에서 겨우 매달리기도 하고 앉은 자리에서 몰려가는 소낙비를 옴싹 뒤집어쓰기도 한다.
　길지 않은 생生이건만 무슨 일이 이리도 각다분할까. 사람세상의 일이란 멀리도 가까이도 사람과의 관계에서 이루어진다. 무언가를 정해진 원칙대로 접근한다면 낭패에 휩쓸리는 일이 엄청 줄어들 것이다. 허나 이런 일들이 어디 생각처럼 되던가. 어찌 정하고 어찌 적용하느냐 하는 점도 문제지만 없어서 못 하는 게 아니라 있어도 행하기 어려운 것이 사람세상의 일이라는 생각만 새삼 커지고 만다.

산들의 가을

4부 _ 키가 자라는 山들

포대화상 1

　불가에선 부처님의 가르침을 법法이라 하고 법을 깨달은 모습을 '참모습'이라 한다. 석가모니 부처님은 세상의 이치를 깨닫기 위해 길 위에서 48년의 세월을 설법하다가 열반에 드셨다고 한다. 그래서 불자들은 지금껏 석가모니 부처님을 따르고 경배하면서 그처럼 성불하기를 염원하는 것이다.
　석가모니 부처님이 가르침을 전한 2,500여 년 전의 시간은 수많은 불법이 선지식으로 이어지는 깨달음의 세월이었다.

포대화상 2

그 덕에 부처님 뒷전에 늘어선 수많은 불제자들이 깨달음을 구하고자 수행을 하고 아라한의 경지에 들어 더 높은 불법을 정진해 왔다. 그럼에도 구체적으로 누가 언제 어디에서 부처가 되고 선지식을 깨우치고 설법했다는 소식은 여직 듣지를 못했다. 허나 어찌 알겠는가. 선지식 가운데서 깨달음을 얻고 여러 소식들을 설법했음에도 알아차리지 못한 우리네만 연신 헛발질이나 하는지를.

불가의 말씀에는 오랜 겁을 수행하면 금생에 이루지 못한 부처되기도 다음 생에는 반드시 도달하거나 이룰 수 있다고 한다. 금생에서 얻어내지 못한 깨달음은 수행능력의 부족이 아니라 아직 다다르지 않은 인연의 의미로 해석하고 그리 정심정진하다 보면 종국에는 성불하고야 만다는 것이다. 결국 오랜 겁의 삶일지라도 미루지 않는 현재에 최선을 다하면 깨달음의 종자는 저절로 발아가 되어 인간 세상에 펼친 이타적 선지식이 여러 갈래의 자비를 키워 간다고 가르치는 것이다.

스펜서 존슨의 『선물』은 8천만 독자들이 절찬리에 애독한 글로벌 밀리언셀러였다. 이 책에서 소년은 한 마을에 사는 할아버지로부터 "우리 인생을 행복하게 하고, 성공의 길로 이끄는 소중한 선물"을 이야기로 듣는다. 그 선물은 마법과도 같지만 마법은 아니며 내 곁에 있었으나 알아차리지 못한 소유일 뿐이라고 설명한다. 소년은 청년으로 성장해 가며 사랑과 일에서 숱한 환멸과 좌절을 경험한다. 바로 그때 마음의 평화를 주고 행복에 이르는 길은 "이 세상의 가장 소중한 선물"에 서이며 이는 믿어지지 않을 만큼 가깝게 존재함을 깨닫는 것이다.

"바로 지금 여기만을 살자. 성공이든 행복이든, 그것을 향한 한 걸음 한 걸음은 '지금뿐'이고 내딛는 곳 또한 '여기뿐'

이다. 초능력자라도 내일을 앞당겨 사용하거나 어제를 다시금 꺼내올 수는 없다. 오직 이 순간 만에 몰두해야 이 모든 것을 이룰 수 있다."이 같은 인식에 이르자 소년은 어제와는 판이한 모습으로 다시 태어난다. 그러나 그들은 이상한 나라 엘리스처럼 해맑고 착한 눈빛도, 멋진 세상을 찬미하는 신비한 노래 가락도 아니었다.

미래가 두려워 현재에 충실치 못하면 미래는 다가설 수 없는 무서운 시간이 되고야 만다. 현재에 최선을 다하면서 미래를 계획해야 미래와 현재를 잇는 징검다리가 놓이고 발목을 잡는 과거의 아픈 순간마저도 장애물경기처럼 넘어서야 값다운 깨달음을 선물한다고 역설한다.

스펜서가 힘주어 말한, 세상에서 가장 소중한 선물은 '현재 속에 살아가기', '과거에서 배우기', '미래를 계획하기' 등 세 가지로 요약된다. 행복과 성공을 바란다면 지금 일어나는 일에 집중하라는 것이며 과거보다 나은 현재를 원한다면 과거에 일어났던 일들을 면밀히 돌아보라고 권한다. 그러면서 현재보다 나은 멋진 자신만의 미래를 그리면서 그것이 실현되도록 계획을 세워 기도하며 나아가라는 것이다.

스펜서 박사는 30년이 넘도록 간명한 여러 이야기들을 풀어 지구촌의 많은 독자들을 명징한 지혜의 길로 이끌곤 한다.

「누가 치즈를 가져갔을까」로 매너리즘적 일상에 혁신적 시각을 투여한 스펜서는 『선물』에서도 새로운 통찰과 희망을 메시지로 건네고 있다. 살아가는 현재가 불행하거나 성공하지 못하면 언제든 괘도수정의 방향으로 나아가야하고 과거에서 배울 수도 미래를 계획할 수도 있다고 가르친다.

미래란 그 누구라도 엄밀·정확한 예측과 통제가 불가능하다. 그러나 원하는 방향대로 계획을 세울 때는 나아가는 자의 미래가 보이고 현재의 걱정과 불안이 줄어든다고 한다. 과거 또한 교훈의 한 범주인바 어떤 일이 일어났는지 더 나은 현재는 어찌 만들지 미래는 어디를 조망해야할지를 통로 삼자는 것이다.

영어로 'Present'는 선물이다. '선물'이란 고마움을 표시하거나 마음을 주고받는 물건이다. 스펜서 존슨은 우리가 공기 덕에 숨 쉬면서도 공기의 귀중함을 모르는 것처럼 수많은 선물을 받으면서도 선물을 받은 적이 없다고 생각하는 일들에 대한 깨달음을 스미듯 들려준다. 공기나 물은 평범한데도 우리의 생존을 좌우지하듯 평등하게 주어진 이 '현재'라는 선물이 우리 생을 조타하는 크고 위대한 선물이라는 사실을 일깨우고 있다.

우리 모두는 의미적으로는 선물이 무엇인지를 알고 있다.

또한 그 선물이 어디에 존재하는지 무엇에 쓰이는지도 알고 있다. 선물은 받아든 사람에게 마음의 고마움을 느끼고 깨닫게 한다. 그럼에도 선물의 실체적 깨달음을 실감하지 못하는 것은 존재로서의 선물을 잊었거나 잊고 있기 때문일 뿐이다. 선물을 의미하는 'Present'는 다르게는 '현재'를 가리킨다. 우리가 귀중하다는 선물은 바로 이 현재라는 통상적인 시간을 의미한다. 결국 부처님의 말씀이 선물 같다는 말은 현재라는 실체적 이치를 들려준 일상적인 깨달음과 일치하는 말이다.

 석가모니 부처님이 이루신 깨달음은 육체적 고행만을 의미하지는 않는다. 부처님은 깊고 오묘한 깨달음에 도달하기 위해 심신에 가해지는 오만가지 유혹과 고통을 이겨내기 위해 보리수 아래에서 좌선을 하신 것이다. 세상을 살피고 자신을 되돌아보는 심안에 좌선은 더없이 요긴한 방법적 통로였다. 그리고 그것은 우리 모두에게 현재적 삶을 지시하는 잠언적 통찰에 다름 아니었다.

 살아가면서 우리는 자신도 모르게 잘못을 저지르곤 한다. 잘못 또한 지나가는 일과성의 과거 같은 것이어서 그 어떤 형태로도 바꾸거나 되돌릴 수는 없다. 그러나 과거를 거울삼아 미래를 얻자면 현재를 하나의 연장선상에 위치시키는 일이며 과거가 우리에게 환기하는 의미는 통제하거나 예측할 수 없

독도, 괭이갈매기의 마중을 받다

는 미래를 사실처럼 살피고 요량하자는 것이다. 그러나 스펜서의 가르침은 원하고 희망하는 것이 있다면 그에 맞는 미래를 현재라는 연결 속에 끌어들여 한 순간 한 순간을 행동에 옮기는 일만큼 멋진 깨달음에 도달하자는 것이었다.

성경 속의 진리에서 필자가 가장 애독하는 구절은 "범사에 감사하라"는 잠언이다. '범사'란 일상에 널린 '평범한 일'이다. 진리의 중심에 '범사'를 세운 성경이야말로 생의 각성을 가르치는 최상의 잠언서가 아닐까. 우리가 일상에서 유지하는 범상함은 다가설수록 엄숙한 일이다. 아니 엄숙함을 넘어 전율할 만큼의 드넓은 진리가 대양처럼 물결치고 있다. 스펜서 존슨이 말한 선물이란, 과거는 교훈을 얻고 현재는 충실할 시간이며 미래는 쉬지 않고 계획하는 일이었다. 범박하지만 삶의 시간적 공간적 근·원거리를 이보다 감동적으로 사유한 말이 있을까.

되풀이하지만 'Present'를 선물과 현재를 동시적으로 의미한다고 말한 이는 스펜서 박사였다. 이 단어가 형성 단계에서 이루어낸 함익含意를 까마득 잊었었던 우리에게 불씨처럼 명료하게 되살린 이가 바로 스펜서 박사라는 말이다. 일상적 어둠에서 세상의 깨달음을 더듬거리듯 찾아 헤맨 적은 없었던가. 그 깨달음을 내 자신만의 삶을 불면不眠하면서 좌고우면한 일은 얼마며 그리 얻어낸 경우 또한 언제이던가.

부처님이 가르친 깨달음도 언제든 우리 자신에서 비롯되었음을 상기할 필요가 있다. 그 깨달음 또한 자신이 얻어내고 자신과 함께 열어 갔음이다. 이제 기쁜 일, 슬픈 일, 어려운 여러 일들이 자신의 깨달음의 한 표정이라면 어느 경우이든 이전보다는 행복하고 풍성하게 펼칠 수 있으리라.

내 곁을 지나는 '아슬아슬'이여

한 마리의 미세한 정충이 이 지상에서의 나의 시작이었다. 정충은 용기백배하여 따라따라 본능의 길을 헤엄쳐 가다가 덜컥 생명체로 당첨이 되어 오늘의 '나'로 태어났다. 내 입장에서 보면 이는 대단한 행운이자 기적이다. 여기까지 지나온 내 생의 굽이굽이를 짚어보니 내 더듬이가 모자랄 만큼 그간의 길이 멀고 아스라하다. 살얼음판 아닌 곳이 없었고 속눈썹마저 간들간들 바둥거리기 십상이었다.

겉으론 짐짓 무사태평의 세월을 지나왔건만 발싸심 나게 오금이 저리고 겁부터 나는 일이었다. 내려다보면 입 벌린 악어가 고개 쳐든 격랑의 바다와 올려보아 야수들이 득시글거리는 절벽의 중간쯤에 내려진 밧줄에 힘겹게 매달려 있는 나, 그런데 이게 뭐람. 사각사각 들리는 소리 있어 고개를 드니 난데없는 흰 쥐, 검은 쥐가 번갈아 밧줄을 갉아대고 있다. 그

파도와 황소

4부 _ 키가 자라는 山들

런데 더 난감한 것은 오를 수도 내릴 수도 없는 처지에서 두 마리 쥐의 이빨자국을 견디던 밧줄마저 점점 가늘어지고 종당에는 '뚝' 하고 끊길 것인데. 그 결과는 바다로 떨어지든 하늘로 치솟든 모두가 아찔하기만 하다. 이 우화를 초등학교 때 배우면서 나는 세상살이의 불안함을 많이도 느끼며 여기에 이르렀다.

    나는 문풍지처럼 온몸을 떨면서 울기도 했었다. 아니 그 울음 속은 날리는 마른 빨래와도 같다는 생각도 했었다. 부른 배 두드리며 시름없이 살아가는 함포고복의 세월이 외려 짜증스럽고 고통스럽게 여겨지기도 했다. 세상 모든 것은 제자리에서 당연한 듯 존재한다. 그런데도 지나온 시간 시간은 그 모두가 아슬아슬하기만 하다. 산에 사는 호랑이만 무섭고 몸에 자란 암 덩어리만 두려운 게 아니다. 세상은 고요할수록 그 다음을 더 맘 졸이며 지켜보게 한다. 마치나 폭풍전야에 웅크리고 있는 저 완벽한 정적처럼. '아슬아슬', 너 한 발 먼저 가다보면 길바닥에서 돈다발도 줍게 하고, 성수대교 무너지는 소리도 듣게 되지만 실로 덤터기쓰고 그 '아슬아슬'을 매달고 다닌 딱하고 측은한 원죄의 세월은 어쩌란 것이랴.

    일전, 대로상 중앙선에 갇혀 질주하는 차량의 행렬을 좌우로 경험한 일이 있다. 나 자신이 지금까지 살아온 시간은 모두가 이 같았다고 생각하니 온몸에 전율이 일었다. 내 무사한 것을 하루해를 넘긴 저녁시간에야 이만하기 얼마나 다행이냐고 스스로를 위로하는 것으로 충분하다. 아, 나를 겁나게 겁주는 순간순간의 아슬아슬이여, 내 곁을 조용히 눈감고 지나가느냐. 신의 가호는 항시 먼데 있는 게 아니지. 나도 모르게 아슬아슬과 손잡고 동행하는 도반인 게지. 행운과 불운의 그 오금 저리는 간극에서 이 짓 저 짓 못할 짓 없이 달려온 내 인생도 웬만큼은 무사함에 안착했다는 생각이다. 하기야 내 생명이 시작되던 그 때부터 내 세월의 횃대에도 갖가지 신비가 칠색무지개처럼 걸쳐있었던 것을.

아슬아슬이여, 밥풀떼기처럼 떼어내거나 밀쳐버리면 그만일 나를 여기까지 붙여둔 실로 인자한 아슬아슬이여, 새길수록 그대는 시퍼렇고 가파르고 차갑고 두렵도다.

나는 아슬아슬의 대부분을 남의 일처럼 잊고 살았다. 공기 없는 잠시 잠깐도 못 살겠지만 그 유무마저 망각한 '아슬아슬'을 까맣게 잊었던 것도 사실이다. 식은 땀 흘리는 악몽의 시간에도 아슬아슬은 생면부지로 내 곁에 있다. 몰라서 그렇지 빠져나온 아슬아슬이 살얼음판 위의 썰매타기와 뭐가 다를까. 물에 빠지기 전 그 자리를 빠져나온 우리는 계속해서 무감각한 안전만을 꿈꾸고 꿈꾼다. 잊고 사니까 여기까지 왔고 무사태평하니까 끝없이 꿈꾸고 살았던 것도 잊은 채.

　아슬아슬이여, 너의 망각으로 원시의 밧줄 위에 평화와 안전을 집짓는 나는 맘 편한 밥 먹으며 욕심껏 잠자고 꿈꾸는 한 마리 정충 그 자체에서 한 발짝도 나아가지 못한 채 오늘을 끌고 내일로 간다.

지금은 웰빙만을

 창밖은 일색으로 '웰빙'의 물살이 굽이치고 있다. 숫제 세상이 웰빙으로 가는 거대한 강물 같다. 먹는 것, 입는 것, 살아가는 주거공간까지 웰빙의 상표(?)를 부착한 제품만을 구입해야 안심하는 사람들이 늘어가고 있다. 이쯤 되면 보이지 않는 자리에서 누군가 뒤에서 '웰빙'이라는 리모콘으로 우리를 지켜보며 조정하고 있는 것만 같다. 업자들은 도수 낮은 술을 앞 다투어 개발하고 니코틴 함량이 적은 담배만을 피우라고 권한다. 그런다 해도 어차피 술이고 어차피 담배이기는 마찬가진 것을. 이럴 땐 자꾸 악어의 눈물만 떠오른다. 최근에는 상업주의적 관심에서 벗어나 가정과 직장의 행복을 추구하는 웰빙 본연인 네오 웰빙Neowell-Being바람이 거세차다. 좋은 일이며 웰빙이 목표하는 곳 또한 여기일 것이다.
 바쁜 일상으로부터 몸과 마음의 평화를 가꾸자는 웰빙이 바람의 형태로 우리네 생활문화 전반에 살랑거리고 있다. 많

파도와 풀밭

266

_ 자궁에서 왕관까지 _

은 사람들이 패스트푸드 대신 유기농 야채와 안전한 먹거리를 찾고 향긋한 스파 마사지와 헬스클럽, 요가 센터를 찾는다는 것 또한 그 같은 선상에서 이해된다. 정서적 안정을 위해 문화행사장으로 주말여행을 떠나는 것 또한 마찬가지다. 웰빙은 이제 우리 생활의 중심에 다가온 또 하나의 지침이고 문화인 셈이다. 쾌적한 삶을 위해 흘리는 신선한 바람, 신선한 멜로디, 신선한 어깨춤이 두루 우리를 행복하게 한다. 하지만 옛말에는 우리네 인생을 '죽살이'라고 하지 않았던가. '사생결단'이 그렇듯 황홀한 만큼 좋은 것은 숫제 '죽여준다'고 했음에 연유한다. 허나 삶은 생生 하나만으로 굴러가는 수레바퀴가 아니므로 누군가 '왜 사느냐고' 물어오면 웃어 보이며 조금씩 천천히 살아가라고 여유롭게 말할 차례다. 최근 웰빙 바람과 함께 '더불어 사는' 상생의 문화가 사회적 이슈로 떠오른 것은 이 때문이다.

  웰빙은 우리네 삶에서 꿈꾸어온 '안녕'이나 '행복'의 개념과도 동일선상에서 해후한다. 나뿐이 아닌 너, 우리 모두가 더불어 안녕이나 행복의 개념 위에 자리하고 그러기에 웰빙이 가야할 길은 무한대이며 전 분야에 추구된 삶의 본래성이라 할만하다. 나아가 대립과 갈등 대신 화합과 조화의 길이 공동목표를 위한 삶의 양보이며 우리들 자신을 넘어서는 보다 큰 초월의 아리랑 고개다.

　새 정부가 출범했다. 저마다 국민만을 주인으로 섬기겠다는 약속과 다짐을 배 띄운 5년이다. 정치와 행정도 실천하기에 따라서는 얼마든지 웰빙의 길을 제시한다는 시금석의 임기였으면 좋겠다. 반복된 일이지만 우리 지역 호남은 이번에도 새정치를 표방한 정당에 투표했다. 새정치가 무엇인가. 거두절미하고 주민만을 생각하고 주민만을 섬기는 주민 제일주의의 정치를 말한다. 미래를 향한 우리의 선택이 현명했다는 자부심 하에 주민들께 고두백배 언약한 일들을 실천하는 임기였으면 한다. 자연 속의 계절은 여름인데 왠지 달려든 봄소식처럼 기대와 설렘은 시기상조인가.

　웰빙은 그 출발점이 상대를 향한 배려에서 비롯된다. 웰빙은 어느 부분 자기희생이며 헌신이기도 하다. 입으로는 다짐하고 뒤돌아서면서 잊는다면 이보다 큰 실망은 없을 것이다. 엄숙한 사실은 지켜야 할 자의 지켜내는 믿음과 의지와 실천력에 있다. 웰빙을 생각한다면 말뿐이 아닌, 행동과 실천을 보여주는 행정을 새롭고도 편안하게 펼치는 일임은 물론이다.

　'더불어'와 '함께'를 신망하지 않고서 어찌 시대적 고통과 한기를 건널 수 있겠는가. 필요한 것은 지역민이 어깨동무하

산들의 기념촬영

4부 _ 키가 자라는 山들

고 '상생과 화합'의 대로를 길 걷는 일이다. 지역에서 민생경제를 일으키고 개혁의지를 실천하는 일은 한두 사람의 힘으로는 불가능하다. 허나 주민과 지자체가 두루 이기는 윈윈 게임- 그 멋진 상생의 시간이 7월의 녹음만큼이나 싱그럽기를 기도한다.

딸 캐럴이 런던에 방 두 칸짜리 집으로 이사했을 때, 대처 수상은 직접 가서 도배와 페인트칠을 도와준 적이 있었다고 한다. 그때 했다는 대처의 말은 인상적이다.

"정치하기보다 도배질이 어려웠다. 하지만 도배를 하면서 느꼈던 손가락 끝의 행복은 정치를 해서는 얻어낼 수 없는 것이었다." 웰빙이 사시사철 넘치는 세상이다. 거들지 않고 현실에 옮겨지는 것은 없다. 웰빙은 머나먼 별나라의 얘기가 아닌, 눈썹만큼 가까운 우리의 현실 문제라는 인식이 그 어느 때보다 요긴한 때다.

사랑은 바람이 부는 것처럼

바람이 분다. 내 마음 아스라한 곳에서 불어오는 바람이다. 바람이 불면 살아온 세월도 달려온 세상도 흔들흔들 바람 따라 물결 되어 달려 다닌다. 산사가 있는 산속에도 바람이 분다. 머리 깎은 스님들의 가부좌 튼 선방에도 바람은 불어온다. 바람이 제아무리 세차다한들 스님의 머리카락은 흩날리지 않는다. 흩날릴 머리카락이 없는 때문이다. 스님은 생불이 되어 숲처럼 바위처럼 거기 있는데 바람은 스님주변을 맴돌며 스님의 명상하는 모습과 씨름을 한다. 바람은 스님을 힐끗거릴 뿐 머리카락은 끝내 흔들지 못한다.

눈꽃이 핀다. 바람이 부는 대로 여기저기 꽃나무 흉내를 내며 온 산천의 눈꽃은 환호하는 군중처럼 흔들린다. 나는 눈꽃을 흉내 내어 눈꽃으로 범벅이 된 하얀 꽃나무를 슬그머니 허공중에 올려다본다.

만남

_ 자궁에서 왕관까지 _

지난해에 나는 햇볕 따뜻한 날을 골라 주전부리 나누어 먹던 어린 날의 친구 몇과 가까운 산사를 다녀온 일이 있다. 글감을 찾거나 그림 소재를 건질까 하여 동반한 길이었는데 떠들고 마시다가 시간만 죽이고 돌아 왔다. 하루 한시가 바쁜 친구들이지만 내가 바람을 보내며 이동하면 그들은 내가 가자는 대로 움직여줬다. 해질녘에 다시금 소주잔 기울이는 시간을 가졌고 깊은 밤 시간까지 이어지고 말았다.

아뿔싸! 그러고 보니 이번 겨울에 들어 산사를 보지 못 하고 지냈었구나. 무슨 일이 나를 그리 바쁘게 했을까? 눈 떴다 감을 시간이 없을 만큼 무엇인가를 서두르며 놀아다닌 바쁘디 바쁜 하루하루가 그저 감사하다는 생각 뿐이다. 산사에 눈이 내리고 바람이 분다. 흔들리지 않는 스님의 머리 위에 눈이 눈이 쌓인다. 이럴 때 우리는 바람이 부는 것처럼 서로를 사랑하며 살아갈 뿐이면 참 좋겠다.

내 사랑 '나의 그림' 論

생명미감을 타고 오르는 백두대간
The Bakdoo mountain range rising up to it's own artistic beauty

그림에 임하는 얼마간의 생각

"백치의 머리와 색맹의 눈으로" 밝히건대 나는 소위 그림 그리기를 시작하면서 내 사랑 '나의 그림'에 대하여 싸움에 임하는 장수처럼 이 말을 출사표로 던졌다. 지금까지의 성과와 관련하여 앞으로 내가 어찌 변할지는 나도 모른다. 그러나 내 그림이 이 세상에 존재하는 한 그것들은 백치와 색맹의 심미적 소산이라는 사실을 고백처럼 밝히고 싶다.

상팔담에 꽃잎 띄우고

_ 내 사랑 '나의 그림' 論 _

매우 엉뚱하게 생각하실지 모르겠다. 그러나 나의 그림 그리기에서 "백치의 머리와 색맹의 눈"을 좌우명으로 내세운 연유부터 말하자. 그림은 아무래도 새롭고 특이해야 한다. 그러나 새롭고 특이하다는 것이 어디 생각처럼 되는가. 어느 의미에서 화가가 배설하듯이 계속 해야 하는 작업이 그림 그리기이다. 새롭고 특이한 그림은 그래서 더더욱 멀게만 느껴진다.

나는 우선 그림 그리기에 앞서 세상 사물을 새롭게 보는 방법부터 생각하였다. 새롭고 특이하게 사물을 보고 그것을 회화적 형상으로 드러내자면 아무래도 내 자신부터 거듭나야할 것 같았다. 이유는 우리가 여러 십년에 걸쳐 보고 듣고 어울리고 피돌기하거나 판박이 한 사물들을 어떤 재주로 하루아침에 새롭고 특이하게 바꿀 수 있단 말인가. 뒤집은 땅이라야 곡식을 기름지게 가꾸듯 거듭난 눈이 아니고서는 세상을 새롭게 그릴 수 없다. 그렇다면 어떤 특별한 생각이나 방법 없이 내가 제대로 그림을 그린다는 것은 뻔할 뻔자의 헛일이 아닌가. 있는 형태나 곧이곧대로 그려내고 형상화되지 못한 추상 작업이나 배설행위처럼 뒤풀이하는 것이 그림 그리기라면 나 자신부터 그림 그리기를 시작하지 말았어야 한다고 생각

꽃들의 추상어법

_ 내 사랑 '나의 그림' 論 _

한 것이다.

나는 신음하듯이 여러 날 여러 달을 머리를 싸매고 고민에 들어갔다. 그 형태에 그 색깔이라면 그 누군들 새롭다 하겠는가. 이 세상에 쌔고 쌘 것이 화가들이다. (어떤 이는 우리나라의 화가 숫자를 약 2백만 명 쯤으로 추산했다.) 이런 터에 내 한 몸 그림판을 떠난다고 뭐가 그리 대수일 것인가. 새롭게 보자! 거듭난 사물을 내 자신만의 미감으로 드러내자! 그래, 생각하는 것과 보는 것이 새로워지기 위해서는 천하없어도 내 자신부터 새로와지고 거듭나야 한다. 그래서 다듬은 좌우명이 "백치의 머리와 색맹의 눈"이었다. 이 말이 내 심증에 스미듯이 감잡히자 나는 원효대사가 화엄세상을 찾아 무애도를 깨우쳤듯 내 눈앞 또한 갑자기 환해지는 느낌이었다. 그리고는 하나의 결심 앞에 서게 되었다.

무엇으로 그릴 것인가

무엇에다 무슨 그림을 그릴까를 고민한 것은 그 다음이었다. 이제 많은 분이 아시게 되었지만 나는 2000년까지 한지에 수채물감으로 그림을 그렸었다. 이 일을 평론가 윤범모 교수는 종전의 회화적 방법에서는 처음 대하는 일이라고 반가워했다. 수채화가 어디 물먹는 하마 같은 한지 위의 작업이던가. 그러나 어떻든 내 자신의 고유성과 나만의 표정을 그림으로 작업하고 싶었다. 항시 진리는 가까운 데 있다 했지. 생각 끝에 내 주변부터 활용할 궁리를 했다. 평소 아내 정경희가 대학에서부터 한국화를 전공한 터로 한지가 집에 쌓여있었다. 그리고 미술대 회화과에 다니는 딸아이의 수채화 물감이 여기저기 잠자고 있었다. 나는 그것들을 묶어서 "한지에 수채화"라는 절묘한 궁합을 생각해 내곤 나두 모르게 무릎을 쳤다. 시금까지 누구도 시도해본 적이 없는 재료적 접합이라 기분이 날 것 같았고 그것들에 근접한 내 자신이 행운아처럼 느껴졌다.

그러나 2001년부터는 그림 재료를 작품적 주제에 맞추겠다고 생각하고 나무 작업을 시작했다. "한라에서 백두까지"를 작품의 주제로 아우르며 회화적 물줄기를 생명미감으로 표출하는 일은 아무래도 나무가 제격일 것 같았다. 처음에는 이것도 낯설기만 하여 내 자신과 호흡을 맞추는데 시간이 걸렸다. 그러나 나무 위의 작업은 생각보다 나를 들뜨게 했고 이 재료에 맞는 수채, 아크릴, 오일 등을 혼합재료로 하여 재질의 성격에 맞추어 사용하였다. 그리하여 나는 나무에 혼합 물감으로 작업하여 이번 주제를 생명미감이라는 하나의 정신으로 엮어낼 수 있었다.

어떻게 그릴 것인가

어떻게 그릴 것인가. 나는 내 그림의 작업방법으로 다시금 고민에 들어갔다. 지금까지의 회화사에는 수없이 많은 방법들이 물거품처럼 일어났다가 명멸해 갔다. 그러나 무엇보다도 19세기 이후부터 우리들의 회화적 안목을 새롭게 열어준 고흐나 세잔느, 피카소 같은 명장들이 영화 속의 스타들처럼 불빛을 타고 내 뇌리를 지나갔다. 그들은 많은 고민 끝에 자신만의 방법을 찾아냈고 그림 세상의 혹한을 거쳐서 저마다 크나큰 발자취를 남길 수 있었다. 그렇다면 나 또한 이들처럼 그림 세상의 혹한을 이겨낼 방법을 고민해야 했다. 어디 가서 이 세상의 갈증을 녹여낼 한 바가지의 물 같은 내 자신만의 방법을 퍼담을 수 있단 말인가. 나는 내 회화에 대한 방법적인 문제를 몇 번이고 고민했다. 그때 뚫어진 문구멍으로 한줄

새존봉이 기른 소나무들

기 햇빛이 찾아왔다. 바로 사물마다 생명을 담아내는 '생명미감'이었다.

무슨 말인가 하실 것이다. 나는 평소 그림을 생물로 보아왔다. 생물은 생명이 담긴 물체다. 그래 그 물체에다 생명을 담아내기 위해서는 생명을 담는 원리를 가져와야했다. 우선하여 그림이 살아 숨 쉴 회화적 방법이 필요했다. 여기에서 생각에 생각을 거듭했다. 지금까지의 모든 그림은 평면에 색을 바르는 방법이다. 그러나 나는 그것을 세포의 형상으로 엮어서 표현하기로 했다. 그러니까 세포의 형상을 엮어서 그려낸 그림이 세상에 최초로 선을 보인 것이다. '바르는 방법에서 엮어가는 방법으로' 바로 이것이 내 그림에 대한 파천황적 개념의 이동이고 이렇게 해서 태어난 '생명미감'이 내 회화를 만들어가는 원리가 된 것이다.

내 회화표현의 원리에는 또 하나의 방법이 있다. '햇빛 통과의 원리'가 그것인데 햇빛이 허공을 통과하자면 그것들은 갖가지 의상의 색채 알갱이로 지나간다.

육안으로 감지할 수 없기에 그렇지, 그들을 실제 우리가 눈으로 볼 수 있다면 우리들의 시선은 황홀경에 휩싸일 것이다. 그 하나의 좋은 예가 무지개로 표현되는 프리즘 현상이 아닌가. 나는 햇빛이 공중을 지나갈 때의 그 색채적 상태에서 필요한 부분만을 끌어내어 내 기질과 개성을 미감화하기로 했다. 그것들은 세포 구성의 원리 못지않게 내 나름의 독특하면서도 행복한 환상을 연출하며 표현되었다.

무엇을 그릴 것인가

　무엇을 그릴 것인가의 차례가 되었다. 결론부터 말하여 내 그림에 등장하는 사물들은 고유의 형태도 없고 고유의 색채도 없다. 모든 것이 미감美感의 리듬과 개연성 위에 저마다의 개성과 기질과 눈빛과 표정으로 춤추고 노래하면 되는 것이다. 위에서 말한 바, 내 그림이 제작된 바탕과 재료, 그리고 방법까지를 나는 이 '무엇'이라는 항목에 수렴하고자 한다.

　나는 무엇을 그릴 것인가로 고민하면서 내 자신의 모습을 몇 번이고 거울에 비춰 보았다. 내 얼굴의 이목구비 하나하나를 뜯어보면서 새삼스럽게도 짜증나는 부분이 많다는 것을 알았다. 이렇게 생겼으면 좋았을 텐데, 키가 조금만 컸어도, 코가 조금만 높았어도, 아니야 그보다 더 중요한 것은 날씬해야 돼, 귀도 눈도 입도 코도 이대로는 안 돼…. 화가는 조물주의 능력이 미치지 못했던 부족하거나 허술한 부분들을 미적으로 보충해서 사물 하나하나를 새로운 조화 위에 그려내는 사람이다. 당초 조물주가 손 놓친 형상을 화가의 미감으로 절묘하게 재현한 것이 그림이라는 말이다.

그림 속의 사물들도 사람처럼 저마다의 생각이 있고 표정이 있다. 그래 사물들도 사람이 거울을 쳐다봤을 때처럼 조물주가 손 놓친 부분에 대한 불만과 짜증이 있고 그것들을 넘어서서 새롭고 특이하게 변화하려는 욕망이 있다. 바로 이 같은 사물들의 욕망을 그려내는 일이 화가의 몫이다. 나는 단연코 사물들의 그 욕망의 부분들을 그리기 위해 많은 고민을 하고 반역을 꿈꾼다.

내 그림의 소재와 주제들

내 그림의 소재 내지는 주제를 말할 차례이다. 나는 2000년 12월(광주)과 2001년 1월(서울), 그리고 5월(광주광역시 서구청 초대전) 등 3차례의 작품전을 가졌다. 이 전시회의 작품들은 두 개의 산-금강산, 백두산-과 소나무, 장승, 불상 등 여러 형상을 그린 것들이다. 이들은 여행 뒤의 소산이고 내적 의미를 주제로 담아 여러 소재를 자유롭게 펼쳐놓은 것들이다. 그러나 이 자리에서 확인해 둘 것은 〈금강산엔 지금도 선녀가 산다〉와 〈천지엔 가끔씩 달이 빠진다.〉에서는 '선녀'의 이미지를 우리 시대의 미감으로 형상화 했었다. 그리고 우리

연리지가 된 나무들

_ 내 사랑 '나의 그림' 論 _

민족의 정서 속에 가장 친근한 사물로 피돌기하고 있는 〈소나무〉를 68가지 연작으로 변용시켰다는 것이 부끄럽지만 밝히고픈 성과이다. 내 회화 행위에 대해 지금도 까놓고 의아해하는 분들이 있다. 미술대학을 다니지 않았고 스승 밑에서 배운 일도 없으면서 더군다나 나이 쉰을 넘기고서도 그림붓을 잡는 일이 가능한가를 물어오는 것이다. 그러나 이 부분이 내 회화 인생에 가장 다행한 부분이라는 것을 밝히고 싶고 앞으로 계속해서 낡거나 굳어지지 않은 유연한 머리와 눈과 손을 감각적으로 소유하는 것만이 나를 계속 좋은 그림으로 꽃피게 하는 일이라 믿는다.

이번에 계획한 작품전의 주제를 밝히려 한다. 이번의 주제는 한마디로「한라에서 백두까지」이며 이를 다르게 표현한 것이「子宮에서 王冠까지」이다. 한라산 백록담부터 우선 그 형상이 우리 민족의 생명력의 원천인 '자궁' 모양을 하고 있음에 주목하였다. 그리고 우리 민족의 국토 미학에서 머리나 얼굴쯤 되는 곳이 백두산이라면, 천지天池는 그 위에 씌워진 한없이 아름다운 '왕관의 형상'이다. 그리고 이들 산맥의 한 부분 한 부분에 위치하고 있는 지리산은 배꼽, 금강산·설악산은 가슴, 묘향산은 어깨나 목쯤에 해당되어 가히 백두대간白頭大幹은 인체에서 완전한 척추이며 그 자체로도 생체적 유기성을 완전 구비하고 있었다. 그리하여 나는 백두대간 위에 올라가 꿈도 꾸고 노래도 부르고 말 달리기도 하였다. 백두대간이라는 사무치고 간절한 국토를 풋풋하고 아름다운 생명미감으로 드러내기 위해 아예 백두대간을 보듬고 입 맞추며 한몸이 되고 싶었다.

화가로서의 신념 앞에서

나는 지금 화가로서의 창작적 신념 앞에 서 있다. 그리고 이 같은 신념을 위해 이미 이전에 밝혀놓은 말이 있다. "무릇 모든 창작행위는 강물 하나쯤 만들어서 바다로 흘러가는 일이라고 생각한다. 그 강물은 무심히 바다로 흘러가는 것이 아니고 여러 개의 굽이를 만들면서 흘러가는데 나는 그 굽이마다 변화도 만들고 감동도 만들고 아름다움도 만들면서 개성 있게 흘러갈 것이다. 분명 어제의 강물은 오늘의 강물이 될 수 없다. 마찬가지로 오늘의 강물 또한 내일의 강물이 아니다. 정말이지 작품전을 펼칠 때마다 또 다른 눈빛과 표정을 가진 기질 있는 그림들로 오래오래 여러 애호가들 앞에 서고 싶다." 그것을 위해 틈만 나면 우리 민족의 척추로 뻗어 내린 백두대간의 여러 산들을 흡사 탐닉하듯 찾아 나서고 있다.

지난해 8월과 9월에도 실크로드를 포함한 두 차례의 중국 여행을 단행했고 금년에도 서너 차례는 바깥 나라를 나들이 할 것 같다. 세상이 시끄럽고 사람들이 사악할수록 그림에 다가가는 시간이 많아진다. 그래서 이미 〈山이 된 사람들〉, 〈天池의 본래 얼굴, 王冠〉, 〈완전한 자궁, 백록담〉, 〈천지의 하늘에서 색층色層이 내려온다.〉, 〈山은 물을 안고 물은 산을 기르고〉, 〈키 자라는 山들〉, 〈바다에 빠진 설악산〉, 〈지리산의 푸른 허리〉, 〈바다에서 자라난 금강산〉, 〈묘향산의 금빛 가을〉 등을 비롯한 여러 작품들을 기도하듯 간절하고 간절하고 또 간절한 정신과 미감으로 뽑아내고 있다. 백치 만세, 색맹 만세! 나의 그림 만세! 오오 쿠어바디스!

山高水落

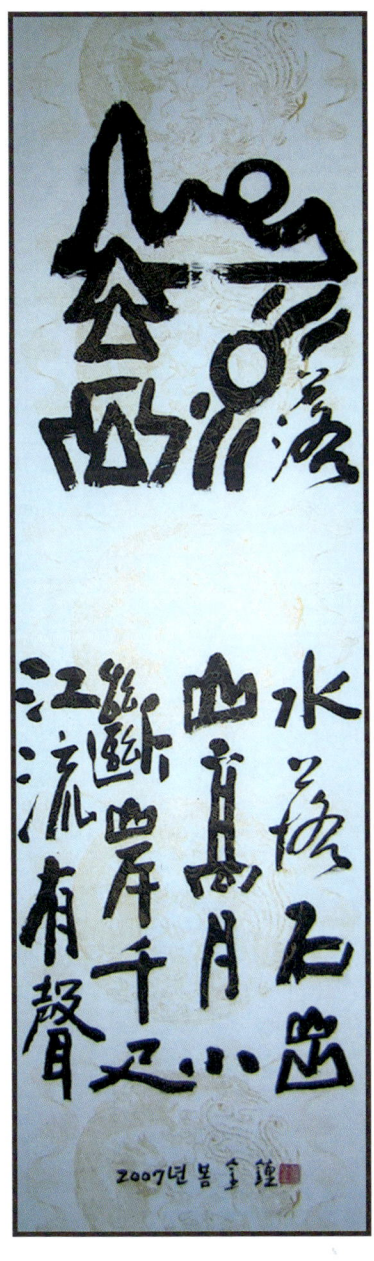